应急物流丛书

国家重点研发计划课题：末端快速精准投送调度系统及关键技术研究（2016YFC0803207）

属地应急众储物资分配问题研究

杨建亮　侯汉平　著

中国财经出版传媒集团

经济科学出版社

Economic Science Press

图书在版编目（CIP）数据

属地应急众储物资分配问题研究/杨建亮，侯汉平著．
—北京：经济科学出版社，2019.9
（应急物流丛书）
ISBN 978 - 7 - 5218 - 0267 - 2

Ⅰ．①属…　Ⅱ．①杨…②侯…　Ⅲ．①突发事件 - 物资
调度 - 研究 - 中国　Ⅳ.①F253

中国版本图书馆 CIP 数据核字（2019）第 028730 号

责任编辑：李　雪
责任校对：曹育伟　王苗苗
责任印制：邱　天

属地应急众储物资分配问题研究

杨建亮　侯汉平　著
经济科学出版社出版、发行　新华书店经销
社址：北京市海淀区阜成路甲 28 号　邮编：100142
总编部电话：010 - 88191217　发行部电话：010 - 88191522
网址：www. esp. com. cn
电子邮件：esp@ esp. com. cn
天猫网店：经济科学出版社旗舰店
网址：http://jjkxcbs. tmall. com
固安华明印业有限公司印装
710 × 1000　16 开　14.75 印张　220000 字
2019 年 12 月第 1 版　2019 年 12 月第 1 次印刷
ISBN 978 - 7 - 5218 - 0267 - 2　定价：60.00 元
（图书出现印装问题，本社负责调换。电话：010 - 88191510）
（版权所有　侵权必究　打击盗版　举报热线：010 - 88191661
QQ：2242791300　营销中心电话：010 - 88191537
电子邮箱：dbts@ esp. com. cn）

前　　言

近年来，我国自然灾害的突发频率和发生规模都明显大于往常，这些自然灾害已经给我国造成了巨大损失。《国家综合防灾减灾规划（2016～2020年）》指出"十三五"时期受全球气候变化影响，自然灾害的突发性、异常性和复杂性有所增加，特别是破坏性地震仍处于频发多发时期。对应急救援的科学性、快速性、精准性等方面提出了更高的要求，如何解决救灾"最后一公里"问题，以及如何实现快速精准救援，成为应急救援的关键，也是目前面临的一个现实难题。在以往的应急实践中，我国在快速精准救援方面取得了一定的成就，但还存在制约快速精准救援的一些问题：灾区需求黑箱；后方救援物资很难在第一时间运抵灾区，造成应急物资稀缺；缺乏科学优化的综合分发方案。我国制定的一系列救灾文件要求建立以属地为主、社会力量广泛参与的应急机制，灾后实施先期处置、快速响应，在第一时间满足灾区应急物资需求。灾害发生后，在不依赖后方救援物资的情况下，迅速展开属地应急救援就成了灾害发生早期应急的关键，而在属地应急救援中，如何高效率实施属地众储物资分配，则成为应急救援的瓶颈。只有保证生成的分发方案是科学合理的，才能实现快速精准救援，最大限度减少人员伤亡和经济损失。所以研究属地众储物资分配，具有重大的现实意义。

本书在综述国内外相关文献研究的基础上，综合运用应急物流理论、系统工程理论、物资分配理论、目标优化理论等，对"属地应急众储物资分配"这一科学难题开展相关研究工作。本书研究了大众应急、众储物资、众储物资分配的概念和特点，并在分析影响属地众储物资分配关键要素的基础上，构建了需求可预测性、物资可获得性、分发精准性的分析框架，提出了众储物资分配有效性的三角结构框架，并指出三角结构的关系及运作流程。

众储物资分配有效性三角结构由需求预测、虚拟众储、综合分发三个部分组成。本书首先通过分析造成伤亡人口的影响因素和结合现有的预测方法，选择并改进了人口伤亡预测模型，进而结合应急物资需求的影响因素与人口伤亡数量，建立了应急物资需求预测模型。其次，通过阐述虚拟众储的概念和特点，设计了虚拟众储快速响应模式建立的流程，揭示了运行管理机制，进而结合储备点选择的影响因素，并依据预测的应急物资需求，建立了集中众储点和分散众储点选择模型。最后，在供应和需求均已确定的基础上，建立了虚拟众储物资综合分发两阶段模型，并给出了模型求解过程。

本书通过仿真案例，针对属地众储物资分配有效性三角结构框架，进行定量分析验证，该验证过程分两阶段进行，第一阶段按照先预测灾区人口伤亡，再预测应急物资需求，根据需求选择集中众储点，将确定的供应和需求信息输入属地一阶段集中众储物资分发模型，得到集中众储点的优化分发方案；第二阶段将灾区上报需求作为最新需求，根据需求选择分散众储点，将分散众储点的应急物资汇集到集中众储点，将确定的供应和需求信息输入属地二阶段分散众储物资分发模型，得到分散众储点的优化分发方案。此外，本书还指出属地众储物资分配的运行，需要构建天空地一体化信息监测体系，建设属地应急协调指挥调度平台和建立属地应急快速响应机制作为保障，真正实现快速精准救援，最大限度减少人员伤亡和财产损失。

作 者

2019 年 1 月

目录

1

引　言

1.1　研　究　背　景

《国家综合防灾减灾规划（2016～2020 年)》指出"十三五"时期受全球气候变化影响，自然灾害的突发性、异常性和复杂性有所增加，破坏性地震仍处于频发多发时期。这对应急救援的科学性、快速性、准确性等方面提出了更高的要求，解决"最后一公里"问题，成为应急救援的关键。《国家突发公共事件总体应急预案》《中华人民共和国突发事件应对法》和《国家综合防灾减灾规划（2016～2020 年)》都指出建立以属地为主、社会力量广泛参与的应急机制。属地应急物资分配能为快速精准救援提供强有力的决策支持，但目前关于属地应急物资分配的研究相对较少。通过实地调研和文献分析，本书针对"属地应急众储物资分配"这一科学问题进行研究，并在本章阐述该问题的研究背景、研究意义和研究范围，同时指出本书所采用的研究方法、研究思路和研究内容。

1.1.1　属地应急物资分配是实现快速精准救援的关键

近 20 年来，我国自然灾害发生的频率、规模和造成的损失都明显<u>1</u>

大于往常。例如，1998 年洪水灾害、2008 年南方雪灾、5·12 汶川大地震、2010 年玉树地震、雅安地震和舟曲特大泥石流、2014 年"威马逊"超强台风灾害、新疆于田 7.3 级地震灾害、2015 年"苏迪罗"台风、12·2 深圳山体滑坡、2016 年 7 月暴雨洪涝灾害和四川九寨沟 7.0 级地震等自然灾害，都给我国造成了巨大的损失。

由于自然灾害产生因素的极端复杂性、发生时间地点的难以预测性，以及发生后果的严重性，使自然灾害一旦发生，就必须立即采取高效的应急措施，否则每延迟一分钟都将造成更多的人员伤亡和财产损失。比如，地质灾害发生后 72 小时被界定为救援黄金时间（72 小时是基于人体的生理极限，也是权衡总体后得出的救援时间）。有些学者专门研究了死亡人数随时间变化的关系（如图 1 - 1 所示）[1]，可以看出尽管最终灾害伤亡人数差别很大，但都表现为随时间变化从零逐渐趋近饱和状态的曲线；对于重大规模的地震灾害，震后 24 小时，尤其是震后 8 ~ 16 小时，人员死亡增量达到最大值。

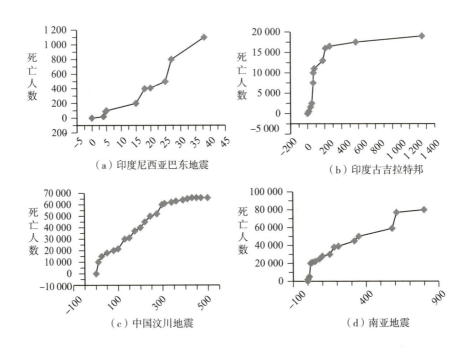

（a）印度尼西亚巴东地震

（b）印度古吉拉特邦

（c）中国汶川地震

（d）南亚地震

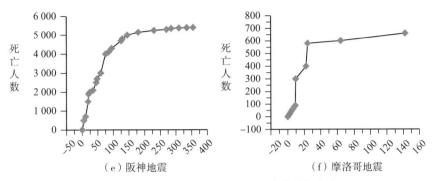

（e）阪神地震　　　　　　　（f）摩洛哥地震

图 1 - 1　国际地震灾害人员死亡统计时间分布

资料来源：转引自董曼（2014）。

　　有些学者专门研究了时间变化与救灾效率之间的关系（图 1 - 2 表示了累积救灾效率随时间变化的关系曲线），认为累积救灾效率存在明显的时变特征：刚开始变化速率大，越往后增长速率越缓慢，最终趋向饱和，速率变化最大的时间段大致为震后 10 ~ 75 小时[2]。这说明救灾是存在黄金时间的，超过这个黄金时间段，救灾效率增长减缓，救灾效果就越差，损失也会随之变大。

　　自然灾害发生后，众多灾民面临着衣、食、住、行、用、医等方面的困难，其中灾区最困难的是缺乏食物、饮用水和药品等应急物资。由于救援物资来源的分散性、输送储运能力的有限性、各种应急物资供给与需求的不确定性，给救灾物资的分配工作带来了很大的困难，如何在第一时间将应急物资分配到灾民手中成为应急救援的关键[3]。

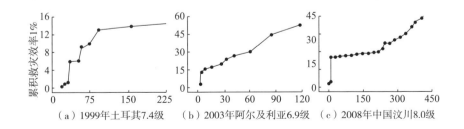

（a）1999年土耳其7.4级　　（b）2003年阿尔及利亚6.9级　　（c）2008年中国汶川8.0级

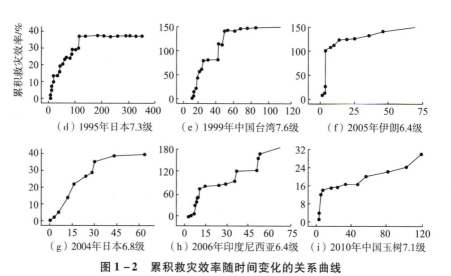

图 1-2　累积救灾效率随时间变化的关系曲线

注：其中 2010 年 4 月 14 日中国玉树 7.1 级地震的数据统计截至 2010 年 4 月 19 日 20 时。
资料来源：转自周阿颖（2011）。

《国家突发公共事件总体应急预案》中也指出：健全应急物资储备、调拨和配送体系，确保应急所需物资和生活用品的及时供应，应急交通工具优先安排、优先调度、优先放行，确保抢险救灾物资能够及时、安全送达，要做好受灾群众的基本生活保障工作，确保灾区群众有饭吃、有水喝、有衣穿、有住处、有病能得到及时医治。

目前，国家储备的应急物资送到灾民手中需要很长的时间。虽然我国已经建立了灾情速报规定，如地震按照 1、2、6、6、6……小时的间隔向中国地震局报告，但从自然灾害信息上报到展开救援有一定的时间间隔。获得灾害信息后，由受灾地区的省级民政部门向民政部申请使用国家储备应急物资，民政部审核同意后向代储单位发出调拨通知，申请单位负责应急物资的接收，并分发给灾民。

据调研显示，在实际救援中应急物资分发没有实现精准救援，经常出现短缺或过量。一方面，灾民需要的应急物资没有按时送达。如汶川地震中，救援药品最短缺的是抗生素，但企业捐赠和分配的却是感冒药；四川芦山地震中，重灾区急缺的食物、水、帐篷、棉被、药品和消毒剂等救灾物资无法得到满足；雅安地震中，芦山县双石镇需要的3 000顶帐篷，8 000多人的口粮及奶粉、柴油、汽油等紧缺应急物资无法得到满足①。另一方面，出现应急物资大量积压的现象。如汶川地震后，绵阳三台县新生镇德光办事处出现大量方便面、面包、矿泉水、衣物等救灾物资都已霉烂；北川救灾物资四年没有开包；芦山宝兴县陇东镇政府将未经拆封的部分救灾物资焚烧销毁等。

目前我国应急物资分配主要有三种方式（如图1-3所示）：一种方式是由配送中心直接配送到受灾点（如图1-3中的a方式），这种方式配送时间相对要快，但要求配送中心必须有救灾所需的应急物资；一种是后方救援物资（国家储备或捐赠的救援物资）直接配送到受灾点（如图1-3中的b方式），这种配送方式运送距离一般较远，运送救灾物资的品种较少、数量较大，而且必须准确掌握灾区需求和道路状况；一种方式是后方救援物资运送到配送中心进行中转，配送中心再配送到受灾点（如图1-3中的c方式），这种方式增加了中转环节，使得后方救援物资很难在短时间内送达灾区。虽然《国家综合防灾减灾规划（2016~2020年）》指出"分级负责，属地为主，地方就近指挥"，但应急救援还是忽视了属地应急物资对灾区的直接分配。

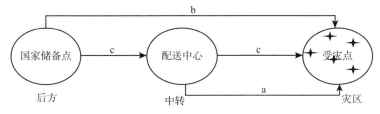

图1-3　我国目前物资的调配方式

---

① 资料来源：腾讯新闻。

2004 年美国发布的国家突发事件管理系统（National Incident Management System，NIMS），将突发事件分为五级，并实行分级管理、属地为主的灾害响应原则。其中一个重要的组成部分是面向救灾现场的"突发事件应急指挥系统"（Incident Command System，ICS），即一个以属地为主的标准化危机事件处置现场（on-site）应急管理方法[4]。一旦自然灾害发生，ICS 在向后方应急运行中心（Emergency Operation Center，EOC）报告的同时，主张属地按照标准化的指挥结构和程序，开展"最后一公里"现场跨部门、跨辖区、跨职能协调与快速应急处置，在第一时间抢救人的生命和保证财产安全。日本作为地震多发地，提出应急管理工作重心下移，根据灾害程度自下而上设立灾害应对指挥部，以市町为单位，都道府县负责协调、调整与中央的防灾业务[5]。

国内外应急救援都指出了分级负责、属地为主的原则，但在属地应急物资分配救援方面还有很多不足。属地应急物资距离受灾地最近，在后方救援物资没有到达之前，能够以最快的速度满足灾区的需求。实现属地应急物资科学有效地分配，就能实现应急救援时间效益最大化和灾害损失最小化的目标。因此，属地应急物资分配成为国内外快速救援的关键。

从目前来看，关于属地应急物资分配的研究相对较少，而且比较混乱，具体属地位置、属地范围、属地物资种类、物资存储位置、物资种类和数量、分配依据、分配方法、分配效果等问题还没有解决，但这又是救援工作中一个非常重要的环节。因此，本书选择属地应急物资分配进行研究。

1.1.2　大众物资储备是属地应急物资有效分配的前提

自然灾害发生的不确定性，国家应急物资储备（代储点）分布的不均衡性[6]（大部分分布在东部和中部，西部很少），发生自然灾害地区不一定有国家应急物资储备库，这就需要从其他地区调集应急物资，导致救灾物资调配需要很长时间。2003 年新疆喀什地震，由于灾区周边没有国家应急物资帐篷的存储点，当地也没有应急物资储备，民政部不得不紧急从遥远的武汉应急物资储备点调运救灾帐篷入疆，6 000 顶帐篷经过 5 000 公里铁路跋涉抵达灾区时，离灾害发生已经过去 5 天时间①。属地应急物资平时的存储量不确定、种类较少、管理混乱，加上灾前属地并未建立完善的应急物资储备体系和信息化、网络化管理平台，灾后又出现仓库损毁、信息基础设施破坏等情况，实施救援时发现应急资源找不到、查不清、调不出，这一系列问题使得众多灾民对食物、饮用水和药品等救援物资的需求，很难在短时间内得到满足。利用社会化的应急物资可以弥补国家应急物资储备的不足，平时将属地社会化的应急物资进行统一的信息化管理，实现灾后统一调度、快速救援，解决"最后一公里"问题。因此，为实现快速救援，必须做到未雨绸缪，积极构建由不同社会储备主体构成的大众物资储备（简称"众储"），并采用时空信息建立虚拟众储，通过信息平台实现这些社会应急物资的平时统一管理和灾后统一调度，实现灾后属地应急物资快速分配，才能满足《国家综合防灾减灾规划（2011～2015 年）》的要求——自然灾害发生 12小时之内，受灾群众基本生活得到初步救助。然而这恰恰是当前救灾界客观存在的一个难题。

虽然国家对大众应急储备还没有明确提法，但在国家政策和实践中已得到重视，在国务院发布的《国家突发公共事件总体应急预案》《物流业发展中长期规划（2014～2020 年）》《关于加快应急产业发展的意见》《促进物流业发展三年行动计划》《国家突发环境事件应急预案的通知》《国家综合防灾减灾规划（2016～2020 年）》中都提到了属地为主、社会力量广泛参与、完善社会化储备体系。

特别是 2015 年民政部等 9 部委（局）联合印发的《关于加强自然灾害救助物资储备体系建设的指导意见》，首次提出推动建立符合我国国情的"中央—省—市—县—乡"五级救灾物资储备体系，将储备体系

---

① 搜狐新闻。

建设延伸到乡镇（街道）一级，推动救灾物资储备下移到基层，最大程度提高救灾物资调运和发放时效，进一步提高救灾工作效能[7]。倡导调动社会力量共同参与，完善以政府储备为主、社会储备为辅的救灾物资储备机制，逐步推广协议储备、依托企业代储、生产能力储备和家庭储备等多种方式，将政府物资储备与企业、志愿组织及家庭储备有机结合，将实物储备与能力储备有机结合，逐步构建多元、完整的救灾物资储备体系。上述企业、志愿组织及家庭储备就是社会化储备，其实质是大众应急物资储备。国家在完善应急物资储备，解决属地物资稀缺方面着眼于大众物资储备。

综上所述，平时做好大众应急储备，才能实现灾害发生后，后方救援物资未送达之前，先期实施属地应急物资分配，实现快速救援的目标。因此，大众物资储备是属地应急物资有效分配的前提。

1.1.3 众储物资分配是属地应急物流管理的难点

众储物资分配是基于平急结合，多元化的属地虚拟众储（企业代储、协议储备、生产能力储备等）应急物资分配，与其他的应急物资分配有很大的不同。虚拟众储物资平时分散存储在企业、志愿组织及家庭等不同社会储备主体中，一旦灾害发生，可通过事先达成的平急转换协议，将这些分散的、距离灾区最近的应急物资，在不需要依赖后方物资救援的情况下，实现属地众储物资就地就近分配，先期处置，完成应急物资的及时送达。由于灾害发生的不确定性及属地众储物资数量种类分布不均衡，出救点（众储物资储备点）不固定，而且往往是多点对多点的直送物资分配，使救援成为难点；救援时需根据灾区需求实行分配，为实现精准物资投送，分配时需综合考虑储备点选择、出库能力、道路状况、运输工具、灾区需求等多因素组合问题；大规模地震发生后，应急救援面临极端恶劣环境，如应急储备点瘫痪、道路损毁、通信中断等，这对众储物资的有效分配带来巨大挑战，也是应急物流管理的难题。因此快速、精准的众储物资分配成为应急救援的关键。

目前，对于应急物资调度、出救点（储备点）选择、应急车辆调度、应急配送中心选址、应急物资分配和车辆路径优化等问题的研究，多数都是分开进行的，少数将其中几个方面结合。如将应急物资的分配和直升机的飞行路线及装卸量综合考虑，将运力约束和物资分配相结合进行研究，将多个受灾点的物资分配与运输工具的种类相结合，将应急物资的调度和分配相结合，将配送中选址和车辆路径规划相结合，将车辆调度、车辆路径和道路通行能力相结合。事实上，它们之间存在相互影响、相互依赖的关系。因此众储物资分配需要综合考虑灾后现有路网损毁情况、储备点完好程度、储备点选择、运输工具选择、路径选择、道路容量、灾区需求、需求最低满足率、救援时间限制等多个要素，而这正是众储物资分配的难点。

1.2　研　究　意　义

本研究阐述了大众应急、众储物资、众储物资分配和虚拟众储物资的内涵及特点，提出属地应急众储物资分配有效性的三角结构框架，指出根据需求预测，在虚拟众储平台选择众储点，将需求和供应信息输入两阶段综合分发模型，形成最优分发方案。本研究可以弥补应急物流相关领域理论研究的不足，促进大众应急物流理论的形成和发展，具有学术研究价值，并为应急救援中属地众储物资科学分配这一关键问题提供了指导依据，有利于解决我国应急救援中属地众储物资合理分配的问题，实现快速精准救援，不断提高我国救灾物流工作水平，进而提高我国应急救援水平。

1.2.1 有助于形成和发展大众应急物流理论

自然灾害发生地及其周边，有很多大众应急救援物资和社会救援力量可以利用，这些社会救援物资具有来源的分散性、运输能力的有限性、物资需求的多样性、需求的难预测性、供给的不确定性、异常事件的随机性和投送的快速性等特点。这些分散的社会物资由于缺乏有效整合，难以做到就地就近物资分配，快速响应处置；依赖属地外部救援物资，时效性差，动员成本高。平时就需要将不同存储主体的应急物资通过信息平台，实现跨地域、跨部门的统一管理和监督，形成虚拟储备；应急时实现大众应急物资的统一分配和调度，灾后按照协议进行补偿，真正解决应急物资稀缺和盲目分发的问题。

自然灾害发生时，大众应急能快速做出反应，将灾区救援所急需的生命保障物资和生活物资快速分配到灾区，最大限度地减少人员伤亡和财产损失。因此，发展大众应急物流理论对提高应急物流的快速反应能力，减少灾害造成的损失，具有重要作用。我国在政策上也高度重视大众应急，很多应急文件已经提出，充分发挥社会力量的积极作用，完善社会力量参与政策，健全动员协调机制，建立社会化应急服务平台，真正实现大众应急。国家和地方已经开始通过法律和其他手段推进应急的社会化，指出要建立社会化储备，实现企业、志愿组织及家庭等大众应急储备的有机结合。日本提出应急工作中心下移，建立以市町村为一级的应急主体，提倡社会力量广泛参与的大众应急体制，实现灾害发生时的自救和互救。德国也特别注重大众应急，充分发挥社会救援力量，发挥志愿者在应急中的主力作用，形成了全社会的大众应急网络[8]。

国内外文献关于应急物资储备的社会化、企业化和协议化的研究很少，研究仅局限于实施方案层面，大众应急物流理论尚未形成，在实践中还缺乏有效的理论指导。本书的研究对丰富和发展大众应急物流理论起到了积极作用，为大众应急物流理论研究提供了强有力的理论和实践支撑。

1.2.2　有利于实施快速的应急物资投送

自然灾害的突发性，国家应急储备的不均衡性，救援物资来源的分散性，应急物资需求与供给的不平衡性，应急物资调配程序和环节的复杂性，造成灾害发生后，后方救援物资很难在短时间内送达灾区。相比之下，属地众储物资通过签订应急补偿协议，将属于不同社会储备主体的应急物资进行资源整合，将分散的、跨地区、跨部门的社会应急物资进行统一管理。这些众储物资分布在灾区或灾区周围，距离灾区最近，平时已经建立了统一管理的信息化平台，应急时，通过属地众储应急物资的统一调度，可以实现点对点的直接配送。在后方救援物资没有到达之前，可以先期实施属地众储物资分配，以最快的速度满足灾区需求，尽最大可能拯救生命。

国家应急储备分布不均衡，有时灾区没有国家应急储备库，有时应急物资存储点距离灾区较远，很难将灾区所需的应急物资第一时间运抵。相比之下，众储物资是利用当地社会化资源建立的虚拟储备，这种储备都存储在灾区或灾区周围，距离灾区最近，能够根据第一时间掌握的灾情信息，快速进行灾区需求预测，并根据灾区需求进行属地众储物资分配，有利于实现快速救援。

1.2.3　更加科学地制定最优应急物资分配方案

以往应急物资分配中，决策者往往依据应急的经验进行物资分配，经常出现应急物资没有分配给最需要救助的受灾群众，不需要救助的灾民反而分配到大量应急物资的现象。这主要是由于应急物资分配缺乏精准性，造成不需要的应急物资被源源不断送来，需要的物资却总是分配不到或者分配不足，导致应急物资的短缺与积压并存的矛盾现象经常出现。汶川大地震时，四川、甘肃等地震灾区就出现了一部分应急物资过剩，另一部分应急物资严重短缺的结构失衡问题。

目前，关于应急物资分配的研究多数是基于后方救援物资的到达，配送中心（中转点）应急物资分配，存在依赖性、救援效率低下等问题。有些应急物资分配的研究考虑因素不全面，比如，有些应急物资分配方案形成时，没有考虑灾后受灾地区道路受损状况，制定的应急物资分配方案无法执行，救灾物资无法及时送达灾区[9]。有些学者研究物资分配没有考虑众储物资，使得灾害发生后，短时间内很难调集灾区所需应急物资，灾区需求无法在短时间内得到满足。有些应急物资分配没有考虑灾区的具体需求，凭借指挥者的经验盲目分配。有些应急物资分配没有考虑运输车辆问题，导致分配的应急物资没有车辆运送[10]。

本书主要研究内容是自然灾害发生后，快速获得灾区灾害灾情信息，结合灾前基础信息，依据预测模型确定灾区需求，根据灾区需求在虚拟众储中搜索能够满足灾区需求的储备点，将该众储点作为救援物资的供应点，综合考虑运输路线、路网状况、道路容量、运输工具、救援时间限制、救援物资满足率等因素，建立属地众储物资分发模型，形成最优的应急物资分发方案，该方案在精准救援和整个应急物流救援中起着重要作用。应急物资分发方案的优化与否，决定了应急物资分配的成败，也决定了整个救灾救援的成败。

1.3 研 究 范 围

为了科学合理地完成对属地众储物资分配问题的研究，确保研究涉及的相关概念的统一性和研究范围的清晰性，本节对文章所涉及的主要概念和研究范围进行阐述和界定，具体如下：

1.3.1 灾害种类

根据突发公共事件发生的过程、性质和机理，《中华人民共和国突发事件应对法》和《国家突发公共事件总体应急预案》指出对于造成或可能造成人员伤亡、财产损失、危害社会、破坏环境的紧急突发公共事件主要分为四大类：自然灾害、事故灾难、公共卫生事件、社会安全事件。

本书试图以其中的自然灾害作为研究背景。但严格来说，各种自然灾害有其共性，也有各自的区别。结合自然灾害发生的特点、救援的要求和破坏的严重性等因素，并考虑现在自然灾害中破坏性地震仍处于频发多发时期，所以本书以地震灾害作为全书的研究背景，主要研究地震灾害中的相关应急救援问题。

1.3.2 属地应急

按照《国家突发公共事件总体应急预案》《中华人民共和国突发事件应对法》《国家综合防灾减灾规划（2016~2020 年）》等国家文件中提出的建立"属地为主"的应急管理机制，确定本书研究范围是属地应急。

属地应急依据国家应急文件中规定的统一领导和分级负责的原则，并按照行政区域的划分确定属地的范围。最小的一级行政区域村庄和社区在发生灾害后，主要是开展自救和互救的工作，救灾物资多数是人们自己储备的，不需要运输，也很难涉及物资的分配问题。比较大的行政单位省和直辖市的地理范围太大，很难在第一时间做出反应，并对所有受灾点进行直接配送救援物资。乡镇和县市范围较小、距离近，熟悉当地的情况并快速获取灾区第一手资料，实现储备点到受灾点的直接配送，便于展开先期处置，快速救援。根据乡镇和县市面积进行划分，当乡镇面积较大时，选择乡镇作为属地应急中属地的基本单元（如图 1-4 表示乡镇作为属地）；当县市面积较小时，选择县市作为属地应急中属地的基本单元（如图 1-5 表示县市作为属地）。因此在本书研究"属地应急"中属地的基本单元定义为行政区域的乡镇或县市。

图 1-4　表示乡镇作为属地

图1-5 表示县市作为属地

1.3.3 应急物资

本书研究的应急物资是指《关于加强自然灾害救助物资储备体系建设的指导意见》中的"社会储备",是指存储在企业、电商、家庭、志愿组织、个人(志愿者)等不同存储主体的社会救援物资,这些物资在地理位置上是分散的,属于不同的所有者。自然灾害发生后,由于这些应急救援物资存储在灾区或者灾区周围(如图1-6表示了应急物资的范围),距离灾区是最近的,因此能够在国家后方救援物资没有达到之前,先期实施快速救援。应急物资储备需要按照统一的要求和标准展开,为分配提供便利,为救援物资的质量和安全提供保障。

灾区外围

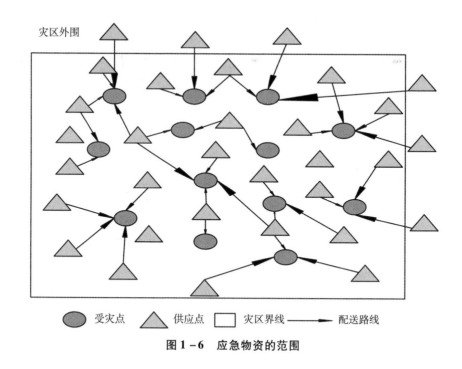

● 受灾点　　▲ 供应点　　▢ 灾区界线　——▶ 配送路线

图 1 - 6　应急物资的范围

1.3.4　应急物资分配

应急物资分配是指突发事件发生后，根据受灾需求，在最短的时间内将灾区所需的食品、药品、饮用水等应急物资，向受灾点进行分发。本书所指的应急物资分配不考虑后方救援物资是否到达，或者说在后方救援物资未到达之前，利用属地应急物资展开的快速救援和前期处置。应急物资分配的对象是属地社会化应急物资，不考虑国家储备的应急物资。因此，本书应急物资分配的研究不包括中转点或配送中心直接送达灾区（图 1 - 3 中的 a 方式）、后方直接送达灾区（图 1 - 3 中的 b 方式）和后方物资经中转点中转后送达灾区（图 1 - 3 中的 c 方式）的应急物资，只研究属地社会化的应急物资分配，图 1 - 7 表明了属地应急物资分配的范围，即指图中虚线标记的部分。

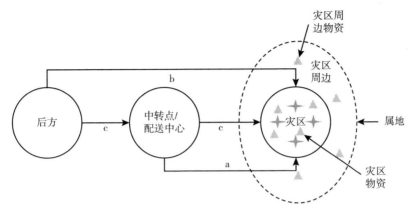

图 1 - 7   属地应急物资分配的范围

1.4   研究方法、思路和内容

为科学合理地完成属地众储物资分配研究，就必须选择合适的研究方法，条理清晰的研究思路和明确的研究内容。

1.4.1   研究方法

本书依据系统分析的方法，探究如何实现属地众储物资分配，解决"最后一公里"救援问题，做到灾害发生后的快速精准救援。本书采用文献研究、实地调研搜集整理相关资料，并通过定性和定量相结合的方法构建模型。本书在研究过程中用到的主要研究方法具体如下：

（1）文献研究法

文献研究法是指全面搜集、整理和归纳以往相关研究，经过深入分析和全面评述，系统地了解已有研究成果和进展现状，为当前的研究提供基础或条件，便于我们在前人研究的基础上进行学习和创新。文献研究法在研究问题的确定、模型构建等研究过程中具有重要作用。本研究从属地应急、应急物资、物资储备、需求预测、物资分配、分配模型等多个方面入手，查阅国内外相关文献。系统梳理了应急物资分配基础问题、应急物资分配模式、应急物资分配模型问题相关研究的理论基础和研究成果。通过分析，确定当前研究水平、动态和未来的发展方向。在前人研究成果的基础上，界定了本书研究范围，提出了现有研究的不足，找到了问题研究的新视角。通过界定相关概念，提出研究众储物资分配三角结构框架，并对三角结构框架做详细阐述，最后通过算例验证。

（2）实地调查法

实地调研是由研究者亲自到实地搜集第一手资料的调查活动，这种方法可以获得及时准确全面的一手资料。通过调研国外在应急救灾中有关社会应急储备、家庭应急储备、属地救援、需求预测、物资分配等方面积累的丰富经验，学习、借鉴和吸收这些先进的救灾理念和救灾方法。研究者亲自到四川地震中的汶川县、北川县等地震灾区实地调研，并与当地民政、交通、应急办、红十字会、地震、气象等部门召开座谈会，了解在地震救灾过程中存在的问题，特别是震后应急需求预测、应急物资储备、应急物资分配等方面存在的问题。针对这些实际问题，分析影响属地众储物资快速精准分配的因素，提出属地众储物资分配有效性三角结构机理。

（3）定性与定量相结合研究法

任何事物都有其自身质的规定性和量的规定性。定性分析法就是对研究对象进行"质"的方面的分析，具体地说是运用归纳、演绎、分析、综合、抽象和概括等方法，达到认识事物本质、揭示内在规律。定性分析法就是对研究对象进行"量"的方面的分析，可以使人们对研究对象的认识进一步精确化，以便更加科学地揭示规律，把握本质，理清关系，预测事物的发展趋势。自然灾害应急物流涉及的因素诸多，在进行因素分析时，就需要采用定性分析和定量分析相结合的方法。本书在采用定性分析影响人口伤亡因素和物资需求的基础上，建立了应急物资需求预测模型。通过定性分析影响出救点选择因素的基础上，建立了虚拟众储出救点选择模型。通过定性分析属地应急物资虚拟众储快速响应模式，建立了两阶段属地应急虚拟众储物资综合分发模型。

1.4.2 研究思路

本书通过文献检索和实地调研的方式收集资料，选择属地应急众储物资分配进行探讨。通过国内外关于应急物资分配基本问题、应急物资分配模式、应急物资分发模型问题研究的综述，提出属地应急众储物资分配有效性机理的三角结构，依据三角结构对需求预测、虚拟众储响应、物资综合分发三个方面分别进行详细阐述，并通过仿真案例进行分析，为属地应急众储物资分配的研究提供支撑。本书技术路线遵循搜集资料选题——提出问题——分析问题——解决问题的基本思路来进行，本书研究技术路线如图 1-8 所示。

1.4.3 研究内容

根据研究技术路线，本书将从以下几个部分开展研究，每章主要研究内容如下：

第 1 章：引言。阐述本书的研究背景和研究意义，为更好地解决科学问题，界定了研究范围和相关概念，选择适合的研究方法，运用框架逻辑结构详细阐述了本书的研究思路，并阐述了研究内容，为研究问题的展开奠定基础。

第 2 章：理论基础与国内外研究现状，本章阐述了应急物流，应急物资储备和应急物资分配的理论。从应急物资分配基础问题研究、应急物资分配模式研究、应急物资分配模型问题研究三个方面进行了文献的综述、梳理和评述。在通过总结和分析的基础上，理顺本研究对现有研究成果的顺承和拓展关系，为深入研究属地应急众储物资分配有效性的三角结构框架，并对三角结构进行深入剖析，奠定理论基础。

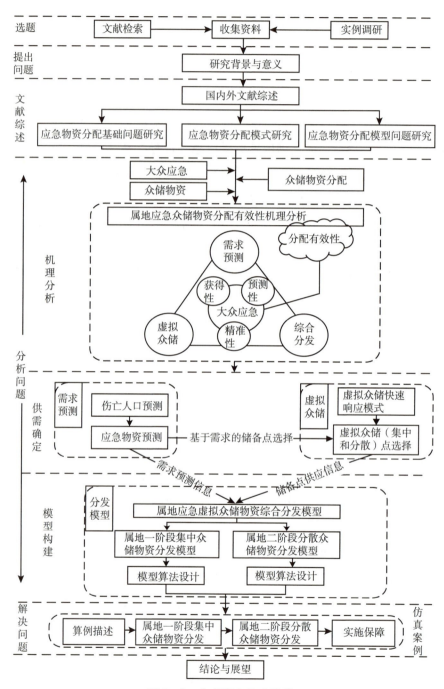

图 1-8　本书研究技术路线

第 3 章：属地应急众储物资分配机理分析。本章分析了大众应急、众储物资、众储物资分配的概念和特点，在分析需求黑箱、物资稀缺、分发盲目三个主要影响因素的基础上，提出了需求可预测性、物资可获得性、分发精准性的分析框架，构建了由需求预测、虚拟众储、综合分发构成的属地众储物资分配有效性三角结构框架，并阐述了三角结构框架的关系和运作过程。

第 4 章：应急物资需求预测。本章主要阐述属地众储物资分配三角结构框架中的需求预测。明确采用预测人口伤亡、再预测应急物资需求的间接预测的方式，通过分析灾害源、灾害承灾体和防减措施三个影响人口伤亡的主要因素，对比分析现有预测方法的利弊和适用条件，确定了回归分析和智能分析相结合的预测方法，通过对现有回归分析预测模型进行对比，选择了最优的人口伤亡预测模型，并对模型进行了改进。通过分析影响应急物资需求的主要因素，建立了基于人口伤亡的应急物资分类需求预测模型。

第 5 章：属地应急物资虚拟众储快速响应模式研究。阐述虚拟众储的概念、特点和优势，应急虚拟众储快速响应建立的目标与原则，设计了应急虚拟众储快速响应模式构建的过程，阐述运作管理机制。在建立属地应急物资虚拟众储快速响应模式的基础上，分析影响虚拟众储出救点选择的因素，建立了基于需求预测的集中众储点和分散众储点选择模型。

第 6 章：属地应急虚拟众储物资综合分发模型构建。本章对研究问题和研究假设做了说明，在后方救援物资没有到达之前，将属地众储应急物资综合分发问题分为两个阶段进行研究。属地一阶段集中众储物资分发问题，通过建立目标函数，构建约束条件，最终建立属地一阶段集中众储物资分发模型，并对模型求解思路进行阐述。研究属地二阶段分散众储物资分发问题，在属地一阶段集中众储物资分发和分散众储点应急物资汇集的基础上，综合考虑各因素最新变化，建立属地二阶段分散众储物资分发模型，并阐述求解过程。

第 7 章：仿真案例。本章主要针对属地众储物资分配三角结构框架进行定量分析验证。对仿真案例基础信息进行了描述，对属地一阶段集中众储物资分发和属地二阶段分散众储物资分发分别进行分析验证。属地一阶段集中众储物资分发按照先预测灾区人口伤亡，再预测应急物资需求，基于需求选择集中众储点，将确定的需求和众储点信息输入集中众储物资分发模型，得到分发方案。属地二阶段分散众储物资分发，将灾区上报需求作为最新需求，选择满足新的需求的分散众储点进行汇集，将所需信息输入属地分散的众储物资分发模型，得到分发方案。最后，阐述了属地众储物资分配有效性的运行保障措施。

第 8 章：结论与展望。本章对属地众储物资分配这一科学问题的研究进行总结。主要阐述研究科学问题形成的结论，本书研究主要的创新点，以及有待进一步解决的问题。

1.5 本 章 小 结

本章首先在研究背景介绍中明确了属地应急物资分配是实现快速救援的关键，众储是属地应急物资分配的前提，众储物资分配是属地救灾管理的难点。在介绍本书研究背景的基础上，确定了属地众储物资分配的研究问题，接着阐述了问题研究有助于形成和发展大众应急物流理论，有利于实施快速的应急物资投送，科学制定最优的应急物资分配方案。为解决好科学问题的研究，本章界定了研究范围和相关概念，阐述了选用的研究方法，遵循提出问题、分析问题和解决问题的基本思路，条理清晰地阐述了研究思路，并按照该思路展开研究工作。最后，详细介绍了每章的研究内容。

理论基础与国内外研究现状

本章从应急物流、应急物资储备、应急物资分配三个方面进行理论基础研究，对应急物资分配基础问题、应急物资分配模式和应急物资分配模型问题的现有研究进行系统梳理和综述，更加深入地理解研究的科学问题，为后续机理的阐述和系统化的研究奠定基础。

2.1 理 论 基 础

2.1.1 应 急 物 流

1. 应急物流定义

国外在应急物流方面的研究开展较早，在研究的早期阶段，国外学者主要通过建立数学模型的方法定量分析研究，为应急物流理论的完善奠定理论基础。肯尼尔库克（Kenball Cook，1984）和斯蒂芬森（Stephenson，1984）首次提出将物流管理方法应用到应急物资救援调度过程，以提高运输效率[11]。尼克卡特（Nick Carter，1992）首先提出将救灾物资适当分类和管理的思想应用到应急物资配送中，并指出在尽可能短的时间内将应急物资配送到最需要的受灾点，这就是应急物流最初的概念[12]。苏莱曼（Suleyman Tufekci，2002）和威廉（William，2002）认为应急管理是一个多目标优化的问题，因此在应急资源有限的前提下，为实现应急资源的效益最大化，必须综合考虑应急资源的调度和分配[13]。

我国学者开始重视应急物流方面的研究要起源于 2003 年爆发的 SARS。高东娜认为应急物流是一种为了应对各类突发事件提供应急物资、救灾人员、救灾资金保障的特殊性物流活动，且具有突发性、不确定性、非常规性和弱经济性等特点[14]。

国内最早诠释应急物流定义的学者为欧忠文，他通过相关研究将应急物流定义如下：应急物流是指借助现代信息技术，以救援时间最小化和灾害损失最小化为目标，以提供自然灾害、重大事故等突发性事件所需应急物资为目的的特殊物流活动[15]。

李滢棠在欧忠文的基础上丰富和扩展了应急物流的内涵，强调了信息技术的作用，文章指出应急物流是借助现代信息技术，整合应急物资的运输、存储和信息处理等功能而形成的特殊的物流活动[16]。白雪岷、赵晗萍提出了"应急供应链"的定义：为了应对严重的自然灾害、突发性公共卫生事件、公共安全事件及军事冲突等突发事件，围绕各级政府应急管理机构，由政府提供技术和资金支持平台，通过对救灾物资、救灾资金及由灾情决定地需求信息的控制，从救灾物资的筹集到将救灾物资通过各级政府输送到灾民手中的一个整体功能性的网链结构[17]。伊尔汗（Ilhan，2011）指出从全球的角度来看，急救供应链是通过供应链的计划、执行和控制救灾活动以创造低成本的物料流、资金流和信息流[18]。

另外在很多文献中应急物流还被描述为救援物流、人道主义救援物流等[19,20]，但是其实质是一致的。从上述学者对于应急物流的定义来看，共性之处都是把灾害损失最小化和救援时间最小作为目标，再通过使用各种先进的信息技术手段整合物流系统的七大职能，进而实现救援物资能快速、精准、高效率的运达受灾区域或者需求点。

国家标准《物流术语》（修订版）GB/T 18354—2006 中，对应急物流的定义如下：针对可能出现的突发事件做好预案，并在事件发生时能够迅速付诸实施的物流活动。然而，目前学术界对应急物流的定义尚未形成统一认识，基于上述定义的共同点是，认为应急物流产生的原因是突发事件，目标是满足紧急需求、提高运输效率、应急资源效益最大化，本质是物流活动或模式。

本书综合上述研究成果，认为应急物流是为满足突发事件对应急物资的紧急需求，对应急物资的紧急采购、包装、调度、运输、分配和信息管理，通过合理调度各种运输工具，将所需要的应急物资从供应点快速、安全、准确（物资数量和种类）地送达受灾点的全过程。

应急物流可以加快各环节的流通效率，保证应急物资的质量安全和及时供应，确保救援工作的顺利开展，保障灾民的生命和财产安全。通过应急物流运作，能够将灾区所需的食品、药品等应急物资准确及时地送达，减少因灾后物资短缺带来的人员伤亡，将灾害造成的损失降至最低。

应急物流还能够提高各级政府对灾害的防范意识，平时加强应急演练，模拟可能发生的各种灾害及灾害造成的危害。加强应急物资储备，保证物资的质量安全和数量供应，以实现灾害发生后的快速响应，制定科学合理的救援方案，保障应急救援行动的效率和效果。同时，还能提高群众对灾害的预防意识及灾后自救能力等，减少专业救援人员的压力，减少人员伤亡，提升救援效果。

2. 应急物流特点

突发事件发生后，快速反应的首要任务就是第一时间将所需要的首批救灾物资和救援人员投送到受灾区域。保障首批救灾物资的顺利运输，是以合理的物资调度和分配、高效的运输方式共同实现的。由于灾害的突发性、紧迫性及巨大的破坏性，给灾区造成了严峻的考验，使应急救援行动必须迅速及时，还要具备精准性，这样才能在最短时间内满足灾民的需求，将灾害造成的损失降至最低。为了实现应急资源效益最大化、满足受灾区域对应急物资的紧急需求，需要首先深刻理解应急物流的特性：

①突发性。应急物流是应对处置突发事件情况下的一种特殊性物流活动，所以突发事件的突发性和不可预知性决定为之服务的应急物流也具有突发性的特点。

②不确定性。由于自然灾害、事故灾难、公共卫生事件等突发事件在发生时间、地点、种类、规模、影响范围等方面的不确定，使应急物流活动无法提前规划和准备，并且突发事件随着时间的推移呈现出动态变化，有些自然灾害还会产生次生灾害等情况。突发事件的不确定性和动态性，决定了应急物流的不确定性。

③时效性。由于自然灾害往往是突发的、破坏性极大的，在灾害发生的短时间内，灾区秩序是极其混乱的，极有可能出现因食物、药品等物资短缺而造成的人员伤亡。为了减少受灾地区的人员伤亡，要求应急救援行动必须迅速及时，作为支撑的应急物流也必须具有极强的时效性。这就要求物流活动中各环节的高效衔接、快速流通，从而提升整体物流运作效率，缩短应急救援时间。

④弱经济性。由应急物流的时效性可知，其首要目标是物流活动的高效率，而非成本。然而，物流效率与物流成本之间存在背反关系，即高效率的实现必然伴随着成本的增加；反之，降低成本也会导致效率的下降。为了实现应急物流活动的高效率，还需加大资金投入，增设物流设施与设备，保障各物流环节的流畅，这会导致物流成本急剧增加。

⑤不可预见性。在科技高速发展的当今社会，人们尚不能精确预测出各类自然灾害的发生时间、发生地点，而只能尽量做好预防工作，这更体现出其不可预见性。并且突发事件随着时间的推移呈现出动态变化，有些自然灾害还会产生次生灾害等情况。因此，在平时需要做好应急救援的模拟演练，保障应急物资的数量和质量。同时还需保证信息传递的及时性、稳定性，确保灾害发生后，能够实现快速响应，实施高效

精准的应急救援。

⑥非常规性。由于突发事件具有很大的危害性和短时间内迅速蔓延的特点，所以应急物流运作环节较简单，整个应急网络也较紧凑，许多一般物流中的环节和功能要素被去掉。除此之外，在遭遇大规模自然灾害时，军队及企业的运输工具和装备将被征用到应急物流过程中。

⑦多元主体性。应急物流往往对于各种资源需求较多，包括人、财、物等。因此，需要多个主体、多个部门和多个地区协同应对。政府是应急管理的主体，负责应急管理的指挥协调和调度，包括预防突发事件的国家物资储备、现场应急的救援及灾后的重建等方面。然而面临大规模突发事件时，政府的应急资源往往是有限的，需要社会企业和公众的参与，对政府主导的应急物流活动进行有效补充。

3. 应急物流分类

应急物流是指为应对严重自然灾害、突发性公共卫生事件、公共安全事件及军事冲突等突发事件而对物资、人员、资金的需求进行紧急保障的一种特殊物流活动。应急物流与普通物流一样，由流体、载体、流向、流程、流量等要素构成，具有空间效用、时间效用和形质效用。应急物流多数情况下通过物流效率实现其物流效益，而普通物流既强调效率又强调效益。应急物流可以分类为军事应急物流和非军事应急物流两种。

2.1.2　应急物资储备

1. 应急物资定义

国家标准《物流术语》（修订版）GB/T 18354—2006 对应急物资的定义是：应对自然灾害、事故灾难、公共卫生事件等突发事件所必需的保障性物资。广义上，在突发事件应对过程中所用的物资都可以称为应急物资。应急物资对于应急救援意义重大，是实施应急救援的基础，它决定着应急物资分配的效果。灾害发生后，政府迅速响应，统筹资源，快速精准投送应急物资，满足灾区需求，能够提升救援效果，保障灾民的人身安全。此外，灾后恢复阶段也需要应急物资发挥作用，实现灾区的快速重建。

2. 应急物资分类

应急物资需求具有多样性，各受灾地区对于物资需求并不是单一的一种或几种物资，而是多种类、多数量的。不同物资间存在着较大的差异，需要分别进行管理，否则会出现各种问题，不利于应急救援行动的实施。所需物资主要包括救援设备、医疗用品、生活用品等几大类，每个大类可进一步细分为很多小类，例如生活用品可细分为饮用水、食物、衣物等。实施救援行动时，不仅需要满足灾民对应急物资数量的需求，还要最大限度满足对应急物资种类的需求。因此，需要进行物资分类，细化品类，便于储存和流通。

针对应急物资的分类，国家制定并颁布了《应急物资分类及产品目录》，对应急物资的分类标准进行了规定。按用途进行划分，可将应急物资分为防护用品类、生命救助类、生命支持类、救援运载类、临时食宿类、污染清理类、动力燃料类、工程设备类、器材工具类、照明设备类、通信广播类、交通运输类、工程材料类十三类，每一大类还可以细分为其他小类，每小类则包含了具体的产品目录。

此外，按使用范围进行划分，可分为通用类和专用类。通用类物资非常重要，例如食物、水、药品等物资，是灾区最普遍的需求，能够满足灾民最基本的生存需求，对几乎所有类型的灾害都具有适用性。而专用类物资则与通用类物资相反，要针对不同的灾害及灾情，具体情况具体分析，来确定专用类物资的使用情况。如发生传染性疾病所需的专用药品，发生洪涝灾害所需的救生艇等。

3. 应急物资储备分类

应急物资储备是应急救援的重要保障。目前对应急物资储备有不同的分类方式。本书从应急物资储备主体和应急物质储备方式两个角度对应急物资储备进行分类。应急物资储备根据应急物资储备主体不同可以分为：政府应急物资储备和社会化大众应急物资储备，社会化大众应急物资储备又可分为：企业应急物资储备、家庭应急物资储备、志愿者应急物资储备。应急物资储备根据应急物资储备方式不同可分为：实物储备、生产能力储备和社会市场化应急物资筹集。

（1）按照应急物资储备主体不同

按照应急物资储备主体的不同，应急物资储备可以分为政府储备、社会化大众储备，其中社会化大众储备包括：企业、社区/家庭、个人、志愿组织等不同储备主体的应急物资储备。

①政府应急物资储备。政府储备是中央及各级地方政府为了应对潜在的突发事件，对救灾环节中必不可少的物资在政府的各级储备点进行储存的行为。一旦有灾害发生，政府储备都会作为应急物资筹措的首选方式，也是应急物资最主要、最直接、最可靠的来源。政府储备物资的动员步骤大体为：政府有关部门对事件严重程度和影响范围进行评估，首先动员当地的应急物资储备库就近实施救援；当地应急物资储备库出现供不应求或灾害严重等级较高时，则迅速从临近区域的中央和地方应急物资储备库调拨物资；大规模突发事件就需要全国范围内甚至是国际救援形式开展的应急物资运输和调配行动。在整个物资动员过程中，还要根据灾情演变情况进行适时的配送方案调整。中央和地方级应急物资储备库分布于全国各地，形成了点面结合的应急物资储备网络。

目前，我国政府形成了中央、省、市、县四级应急物资储备体系。我国设立了成都、天津、合肥等24个中央级救灾物资储备库，民政部在更多的大中城市积极筹建中央级代储点。省级应急物资储备已经在由当地省级民政部门实行代储管理，31个省、自治区、直辖市和新疆建设兵团建立了省级的应急物资储备库，251个地市建立了地级储备库，1 079个县立了县级储备库。对于突发事件尤其是自然灾害多发的县级单位可以根据当地的实际情况储备应急物资。政府储备因其物资供应迅速、保障能力强等特点，加之拥有强大的军队作为后备力量，能够在灾情发生的第一时间由中央开展统一救援指挥，使应急物资在供应点和需求点之间快速、有序、高效地进行转移。政府储备除了完成应急物资的储备任务外，还承担着救援时期的受灾人口转移安置工作，这是其他储备主体无法实现的。但政府储备也具有储备物资成本高，灵活性较差，储备物资种类单一、政府部门管理环节繁冗，专业性不足等缺点。

②社会化大众应急物资储备。社会化大众应急资源储备是指自然灾害发生后，灾区及灾区周边企业、家庭、个人、志愿者等不同存储主体可以提供的救援资源。它是对政府应急资源储备的补充，在灾害发生不确定性条件下，对于灾区现场生命拯救及灾情控制发挥着重要作用，在应急资源稀缺情况下扮演着重要角色。

企业应急物资储备是国家和各级政府把一定量的物资储备任务下派给该区域内的生产企业，由企业储备一定种类的物资。政府对企业储备救灾物资的工作进行日常指导、检查、监督、管理，并且给予企业适当的补贴，一旦发生突发事件，政府紧急生产或调用协议企业储备的该项物资。把企业储备的应急救灾物资作为国家应急储备体系的重要组成部分，更有利于完善国家应急物资储备网络。

社区/家庭应急物资储备是指以社区/家庭为单位的应急物资储备。家庭是社区的基本组成单位，是受各种自然灾害影响的主要群体和灾后需要救助的对象。以家庭为单位进行必要的家庭应急物资储备，可以在外部救援物资抵达前，为家庭成员的自救互救提供了必要的物资保障。因此，家庭应急物资储备是应急物资储备体系的重要组成部分。灾害发生时，如果每一个家庭具有充足的储备物资，受灾家庭成员能在第一时间开展自救互救，减少灾害带来的损失。从国际经验来看，社区和家庭储备一定数量的必要应急救灾物资进行自救互救，是世界各国比较通行的做法。2016 年 12 月，中国政府印发实施的《国家综合防灾减灾规划（2016～2020 年）》将社区救灾应急物资储备作为加强城乡基层防灾减灾救灾能力建设的重要保障。

志愿组织例如中国红十字会、蓝天救援队、慈善组织等公益性社会救助团体或个人在整个救援中也起着重要作用。中国红十字会总会建立了6个区域性备灾救灾中心及15个自然灾害频发地区的省级红十字会备灾救灾中心或物资库，这些储备物资成为应急物资储备的重要补充。

（2）按照应急物资储备方式不同

按照应急物资储备方式不同，应急物资储备可以分为：实物储备、生产能力储备、社会市场化应急物资筹集。

①实物储备。实物储备是指以实物的形式将一些灾害急需的关键性应急物资储存在仓库中，有效应对突发性的自然灾害。中央级应急储备库是以实物的形式进行物资的储备，不过主要储备的是棉被、帐篷、睡袋等相对长期不变质的物资。企业储备实物应急物资主要针对生活类物资、医疗药品对时效性和保存环境要求较高的物资。这部分物资由生产厂家、医疗机构等供应商代储，物资参与经济流通，及时更新。这种做法避免了物资长期储藏引发的损害和变质，减少了不必要的损失。企业应急物资的实物储备有效地利用了市场资源，增强了救灾实力。

②生产能力储备。生产能力储备是通过和那些能够生产、转产或研制救灾物资的企业或其他单位签订有关协议，确保突发事件发生后这些单位能够按照协议要求迅速生产、转产或研制救灾物资的储备方式。生产能力储备主要各级政府部门和企业签订生产能力储备合同，当突发事件发生后，企业迅速提高生产力，紧急生产或研制协议所规定的应急物资。对于生产力储备协议的签订，一般可以通过签订紧急征用合同、紧急供货协议和期权方式等实现。

③社会市场化应急物资筹集。除了实物储备和生产能力储备，政府还会采用直接征用、市场采购、社会捐赠、国际援助等方式获取救灾物资。直接征用就是指政府根据动员法规，在事先不履行物资筹措程序的情况下，征用某些物资生产流通企业所生产和经销的物资，以满足紧急情况下救灾物资需求，事后进行结算和补偿的方式。市场采购是指政府直接向相关制造商紧急采购某些食品、生活必需品、部分建材工具等来源广、易获取的普通物资，以减少流通环节、降低采购流通成本、加快筹措速度的方式。社会捐赠是指重特大自然灾害发生后，社会各界自发

或有组织的捐赠物资，在一定程度上有效地保证了救灾物资的后续供应，社会捐助物资的数量与自然灾害大小及政府、媒体的宣传号召力度呈正相关。此外，在发生较大规模灾害时，积极争取国际援助也是物资筹措的重要途径和有效手段。

2.1.3 应急物资分配

1. 应急物资分配定义

应急物资分配，是一种特殊的资源分配问题（resource allocation problem）。资源分配问题是指以最优化某些目标为目的，将有限的资源分配到多个竞争主体或活动之中。在对资源分配问题含义的基础上，我们可以认为，应急物资分配是指将应急物资遵循一定的分配规则，按照一定的分配方式和分配数量分发给相应的灾区，以便灾民使用应急物资的物流活动。

大规模突发事件中的应急物资要求及时且最大程度的满足受灾地区人员的需求，以提高受灾地区人员的存活率和满意度。合理的应急物资分配不仅能保证应急物资送达的及时性，更能保障物资分发的精准性，最大限度地发挥应急物资的效用，提高整个应急物流过程的效率。

2. 应急物资分配过程

应急物资分配过程中需要进行灾情信息收集，并对收集到的信息进行处理；此过程中涉及信息的正向流动和逆向流动，正向信息流动中，应急机构根据突发事件的性质、规模、影响范围等因素，对受灾点应急物资的需求量做出初步预测，为应急物资的筹备提供基础；在对受灾点需求量做出初步预测后，开始组织应急物资的筹措，统一调度，科学规划；制定物资分配方案，包括物资分配的种类和数量等；分配方案实施，即分配方案的具体执行。信息的逆向流动中，应急需求点将其信息及时向集配中心反馈，通过层层传递到达指挥人员手中，以便于应急机构根据变动的需求及时调整应急物资的筹措，避免浪费，提高灵活性。

（1）灾情信息收集

灾害发生第一时间内，道路损毁、通信中断，造成信息传递的滞后，此时救援工作处于"黑箱状态"。在完全不了解灾民需求的情况下，为更好地开展救援工作，必须进行灾情信息收集，对收集到的信息进行处理，在此基础上对物资进行调度，才能避免救援的盲目性，做到有的放矢，避免因救援工作不及时、不充分而导致灾后损失，及时解决灾民的需求，最大限度地降低灾区的人员伤亡。

（2）统筹应急资源

应急资源是非常有限且宝贵的，因此在实施应急救援行动时需要统筹应急资源，进行资源整合，合理规划，统一调配，从整体的角度出发，公平合理的进行物资分配活动，避免出现受灾点分配的应急物资超出该点的需求，或者受灾点没有分配到物资的现象。完成应急资源统筹后，将各类资源分类管理，根据实际需求合理分配，将有限的物资发挥出最大的效用。具体措施包括：动用应急储备、进行政府采购、向企业直接征用和社会捐赠等形式。

（3）制定分配方案

在上述灾情信息收集、信息处理反馈以及统筹应急资源完成之后，就需要统筹可用的救援物资，按照各受灾点的实际受灾情况、建筑物损毁情况、人员伤亡状况、物资稀缺程度等制定物资分配方案。物资分配方案包括物资分配种类、数量等。大多数情况下，国内开展应急救援工作都是基于平均的原则，并没有考虑到各受灾地区实际受灾情况、受灾群众伤亡状况、物资需求稀缺程度等因素，这就造成了分配平均、但分配不公平的现象。这是不利于开展救援工作的，很可能会导致灾民心理失衡，进而导致秩序混乱，严重影响救援工作的开展，甚至出现人为的破坏和损失。

（4）分配方案实施

制定好应急物资分配方案后，就需要进行方案的实施。根据分配方案，将各类应急物资以一定的方式一定的数量送达各受灾点，满足灾民的需求，减少灾区损失。在方案实施过程中，必须保证其及时性、精准性，同时还要保持一定的灵活性，能够根据灾情变化实时调整方案，确保分配方案不丧失可行性。

（5）应急物资分配评估

应急物资分配的整个过程都离不开对结果的评估，因此需建立分配评估系统，对各环节进行客观的评价与调整。

2.2 国内外研究现状

2.2.1 应急物资分配基础问题研究

本节从应急物资的概念及分类、应急物资分配概念、应急物资分配特点三个方面进行综述和总结，来阐述应急物资分配基本问题的研究现状。

1. 应急物资的概念及分类

不少学者对应急物资的定义和分类进行了研究。对应急物流的定义比较典型的有：应急物资就是突发事件应急过程中所需要的各类物资；应急物资是为了保障自然灾害和突发性公共事件发生地区的民众生活，以及保障自然灾害或突发性公共事件顺利解决所需要的救援性和保障性物资[21]；应急物资指在突发事件即将发生前用于控制突发事件发生，或突发事件发生后用于疏散、抢险、抢救等应急救援的工具、物品、设备、器材、装备等一切相关物资[22]；有些学者将应急物资扩展到应急资源，将人力、物力、财力、信息等都作为应急资源，其中人力包括救援人员、医护人员等，财力包括拨款和捐款等，信息包括各类灾情信息。

应急物资种类繁多，根据不同的分类标准可将应急物资分为不同的类别。在美国联邦紧急事态管理局公布的《资源管理（IS－703）》

（*Resource Management*（*IS – 703*））中，应急物资分为物品、设备和设施三类。美国国家突发事件管理系统又将应急资源分为 8 个类别，即应急医疗服务资源、管理资源、公共卫生资源、执法与安全资源、公共工程资源、搜寻救援资源、火灾和危险品资源、动物健康资源，并对每种资源单独编制指导手册[23]。国家发改委公布的《应急物资分类及产品名录》按照用途将应急物资分为 13 类，即防护用品类、生命救助类、生命支持类、救援运载类、临时住宿类、污染清理类、动力燃料类、工程设备类、工程材料类、器材工具类、照明设备类、通信广播类、交通工具类。夏萍根据物资需求级别，把物资需求分为特急需求（Ⅰ）、紧急需求（Ⅱ）、较急需求（Ⅲ）[24]。葛洪磊按应急物资使用的紧急情况，把应急物资分为一般级、严重级和紧急级三类[25]。王海军等从应急物资的需求角度，把应急物资直接分为救生类、生活类、医疗器械及药品三类[26]。台湾学者（Mei – Shiang Chang，2007）从物资使用的紧急程度、用途、需求原因和使用范围等多个角度，对应急物资进行了分类研究，按应急物资的用途分为防护用品类、生命救助类、生命支持类三类[27]。王宗喜等按照突发事件的应急管理阶段和主要应对环节将应急物资分为满足灾民生活需求的基础保障物资、满足抢救需求的应急处置物资和满足灾后初期需求的恢复重建类物资三类[28]。克雅尔（Khayal，2015）从分析地区特性出发，根据模型计算将应急物资分为一类物资、二类物资、三类物资和四类物资[29]。张旭凤按应急物资使用的优先级别将应急物资分为 4 类，即生命救助物资、工程保障物资、工程建设物资、灾后重建物资[30]。还有学者按引起应急物资需求的原因，把应急物资分为自然灾害类应急物资、事故灾害类应急物资、公共卫生事件类应急物资、社会安全事件类应急物资四类。目前尚缺乏对属地和后方应急物资的分类。按照灾后物资所处的地理位置不同，可以将物资分为属地应急物资和后方应急物资。

本书的应急物资是指物力资源（不包括人力和财力），是灾后紧急需求的救助生命类和保障基本生活类属地应急物资。和普通物资相比，应急物资具有需求的不确定性、时效性、不可替代性、弱经济性等特点[31]。本书研究的属地应急物资是指后方救援物资未送达之前，灾区及灾区周边存储的应急物资，在不依赖后方支援情况下，先期实施快速救援，最大程度拯救生命、控制灾情。

2. 应急物资分配概念

当前国内外学者从不同的角度对应急物资分配进行了定义，典型的包括：应急物资分配是指将各种应急物资（包括药品、特殊救援设备、食品、衣物、帐篷等）分配到各个受灾点[32]；应急物资分配是指为应对突发事件而对物资（包括应急设施、帐篷、生活用品、医疗药品及器械、食品等）进行紧急保障的一种特殊物流活动[33]；应急物资的分配是指在应急物资调度的基础上，根据受灾情况的差异确定需求程度，在最短的时间内将物资从不同的救援点合理分配给多个受灾地[34]；应急物资分配是指在突发事件情况下，将有限的应急物资按需求优先级分配到受灾人员、受灾点或救援活动中，以尽量减小受灾损失；应急物资分配是应急物资管理工作，是一类特殊的资源分配问题[35]。自然灾害发生后，在最短的时间内将有限的应急物资从不同的位置分配到受灾人员、受灾点或救援活动中，以尽量减小受灾损失[36]。目前尚缺乏属地应急物资分配的定义。

本书主要研究属地应急物资分配，属地应急物资分配是指后方救援物资未送达之前，根据受灾的实时信息，确定灾区需求，将存储在灾区及灾区周边的社会化应急物资，如药品、食品、衣物、帐篷等，在最短时间内从多个救援点合理分发给多个受灾地的过程。

3. 应急物资分配特点

应急物资分配是一类特殊的资源分配，与一般物资分配在目标、基础设施、方案规划、配送模式、配送工具、时间、配送路线、经济性分析、面向对象、行动主体、时间效用等方面存在显著差异[37]（如表 2 - 1 所示）。陈达强认为应急物资分配具有复杂性、及时性、有效性、可靠性、协调性、社会性、成本性等特点[38]。

表 2 - 1　　　　　　　应急物资分配与一般物资分配的区别

对比条件	一般物资分配	应急物资分配
目标	成本最小、利润最大	效率、公平、时间
分配节点	企业工厂、配送中心、客户	物资储备点、汇集点、需求点
基础设施	常设性	临时性
方案规划	长期、中期、短期	短期
配送模式	往返、巡回	往返式
时间	预测性、及时性	滞后性、快速性
配送路线	最经济路线	最快到达
经济性分析	经济性	弱经济性
面向对象	客户	受灾人员
行动主体	企业	政府
时间效用	时间增值	人的生命和财产损失
配送工具	汽车	无人机、运输机、汽车

本书研究的属地应急物资分配，除具有一般应急物资分配的特点之外，还具有社会性、快速性、阶段性、主体单一性、不依赖性、精准性等特点。

2.2.2　应急物资分配模式研究

完备的应急物资储备无疑是快速救援的必要前提和保障[39]，我国政府应高度重视应急资源储备的管理工作。1998 年张北地震后，财政部和民政部在天津、郑州等城市建立了 10 个中央级救灾物资储备库，并于 2003 年 1 月 1 日起实行《中央级救灾储备物资管理办法》[40]。自 2008 年汶川地震之后，民政部和财政部又将中央级救灾物资储备库由原来的 10 个增加到 24 个[41]。省级应急物资储备是我国政府应急物资储备的主要组成部分。目前，我国已在 31 个省、自治区、直辖市和新疆建设兵团建立了省级应急物资储备库。县级政府也根据当地的风险特征建立了相应的应急物资储备。目前，我国已经形成了中央、省（自治区、直辖市）、市（县级市）三级政府应急物资储备体系[42]。继续加强了乡镇一级应急物资储备库的建设，建立符合我国国情尤其是农村农情的应急管理模式[43]。

从实践来看，应急物资储备库数量少、分布不均衡，很难满足新时期备灾和救灾的要求[44]。以河北省为例，河北地区没有中央级应急物资储备库，应急物资储备物资主要来自省级应急物资储备、市级应急物资储备和县级应急物资储备三个方面，而唯一的省级应急物资储备库设在省会石家庄市，位置上远离张家口和唐山两个地震防御地区和灾后救助能力相对薄弱的承德地区，很大程度上影响了省级应急物资储备库对上述三地的快速响应能力。汶川地震发生48小时后，中央级救灾物资储备库的应急物资被调空，但仍有很大缺口[45]。因此，应急物资的储备全部由专门的应急仓库来完成是不合理的。

从社会角度看，应急物资不只包括中央和地方各级政府储备。政府储备资金占用大、管理成本高、浪费严重等问题比较突出，应急物资的储备完全由各级政府来完成是不可能的，因此需要应急物资供应企业参与到应急资源储备体系的构建中来。对不易长期保存或者是需求数量庞大的应急物资，可采取与生产厂家签订协议或紧急采购合同方式，便于突发事件发生后的物资生产和调运，借助各方力量做好应急物资的获得能力，从而提高应急物资储备管理水平[46]。阿尔泰（Al Theeb，2017）等也指出通过政府补贴的方式，建立政府和企业之间应急物资储备[47]。洛德雷（Lodree，2008）和卡塔尼（Cattani，2008）站在企业的层面进行分析，虽没有以政府为应急物资保障的责任主体，但也给出了政府引导下的企业储备方式[48,49]。把市场流通应急物资和非政府组织应急物资纳入应急物资储备也是必要的，王晓燕研究指出应将城市物流园纳入应急物资储备中去[50]，卢少平指出将不进行物资生产，仅进行物资销售的中间商或代理商、销售型企业的库存作为应急物资储备[51]。

　　实现应急物资储备的社会化需要加强应急物资储备，增加储备物资的品种和数量。怀巴克（Whybark，2007）首先将应急物资的库存称为"社会库存"，提出要充分利用社会资源，真正做到藏储于民[52]。因为这些物资具有提供灾害援助，保持经济稳定和保护人民的社会价值。郑宏凯在分析当前救灾物资储备体系不足的基础上，提出必须突破国家储备模式，充分利用企业和社会力量，储备于民，走储备国家化和社会化相结合的道路，从根本上弥补当前储备体系中所存在的不足，使企业在救灾中更好地发挥作用[53]。将生产型和销售型企业的库存纳入应急物资储备体系，就是赋予企业库存物资应急物资的身份。从物资本身来说，就是一种物资两种身份，实质上是一种扩大化的应急物资储备方式，有利于实现物资的平急转换（物资平时正常使用，当发生灾害时，该物资转变为应急物资），建立新的应急物资储备体系。在应急救援中拯救生命是第一位的，需要做好应急物资的储备，必要时需要对救援医疗物资进行整合[54]。家庭不仅是承灾体，而且也是突发事件的第一应对者[55]，从灾害发生到应急救援队伍到达这段时间内，需要家庭进行自救、互救。因此，应急物资储备不仅是政府的事情，而且是每一个普通民众也都应该做好自己的储备，菲利普斯（Phillips，2005）等研究了家庭应该如何做好相应储备的问题[56]。医院和医药企业是医疗物资主要储备单位之一[57]，有关对应急医疗物资的储备研究也引起国内外学者的关注[58]。从应急物资储备的主体来看，应急物资储备偏向政府储备，没有充分发挥市场的作用，同时家庭储备相对匮乏。应急物资储备要建立包括政府、企业、家庭及个人等社会化应急物资的储备，它们是我国应对突发事件的物质基础。因此，社会化储备就是大众应急储备，两者的内涵是一致的，仅分配方法和特点有所不同。目前我国尚缺乏大众应急储备体系的研究，而属地物资分配更加注重大众储备，日本和德国都提出了家庭的社会化储备。为此，本书提出了虚拟众储。

　　从储备方式来看，我国还是只注重实物储备（以实物的形式储存在仓库中、当自然灾害事件发生后随时可调用的物资储备），《中央级救灾储备物资管理办法》和《中央级防汛物资管理办法》只规定了实物储备这种方式，这种单一的储备方式导致物资储备非常有限。实物储备对于应对突发事件具有重要作用，它可以在事件发生后的第一时间保障应急物资的供应，是应对自然灾害事件的主要物资来源，但是如果全部或过多地依靠实物储备，往往会造成社会物资的巨大浪费和大量资金的长期闲置等。有的地方政府部门通过与拥有物资的政府部门、企事业单位、社会团体、家庭和个人等签订合同的方式（合同储备），实现应急物资的共享，当自然灾害发生后，按照合同约定优先调用这些资源进行救灾[59]。这对于降低储备成本、提高资源使用效率、保障应急物资供给具有重要意义。但合同储备的应急物资无法对应急资源的具体需求时间作出约定，自然灾害发生后，合同储备的应急物资已报废、正在维修或者暂时缺货等会影响自然灾害的应急处置。有些地方通过和能够生产、转产或研制救灾物资的企业或其他单位签订有关协议，确保突发事件发生后这些单位能够按照协议要求迅速生产、转产或研制救灾物资的储备方式（生产能力储备）[60]。生产能力储备对重大自然灾害的长期救灾起到非常重要的作用，但是转化为应急物资需要一定的时间[61]，如果过多地依靠生产能力储备，会影响自然灾害的处置尤其是前期的处置工作。对于合同储备及生产能力储备关注不够，某些地方政府的协议储备在权利与义务上没有详细划分，数量与质量都有待提高，没有构建长效机制，缺乏实质性的监督管理。因此，需要建立基于实物储备、合同储备、社会化储备的一体化和协同化的储备管理体系[62]，运用虚拟库存的管理思想和方法，整合异地、异构环境下的国家和社会应急储备力量，建立联动协同的运行机制，并依靠网络和现代化通信技术，形成更高效有力的应急物资保障，这有助于解决应急物资储备存在的问题，提高应急管理水平[63]。

陈涛在构建分配模型时引入了"虚拟临时分发中心"的概念[64]。卢冰原针对城市应急物流的特点，指出建立城市应急物流管理中心，应急物流管理中心和基层发放点构成基于WEB信息平台协同运作模式的城市应急物流虚拟联合体，这个虚拟联合体主要考虑物流企业，以及政府应急储备机构，较少考虑社会其他类型的企业，没有考虑社会化的应急储备[65]。周亚文（Zhou Yawen，2017）指出依据突发事件的救援需求，充分整合社会化的应急资源，与生产企业、物流企业、流通企业及其他社会团体签订协议，构建临时性、网络化、动态化的应急虚拟物流联盟信息平台，由应急物流管理中心负责统一协调和指挥调度[66]。这样的虚拟物流联盟是根据应急需求临时组建，完成应急需求后马上解散，没有考虑平时的正常运营、应急时快速响应。刘浪等指出自然灾害发生前建立应急网络系统，灾害发生后，从已经建好的应急网络系统进行储备点选址[67]。

综上所述，研究应急物资储备地很多，虽然也涉及到了社会化储备，但研究大众应急物资储备的较少，研究属地虚拟众储的更少。本书主要研究大众应急物资储备，并利用信息化平台，构建属地应急物资虚拟众储快速响应模式。

2.2.3　应急物资分配模型问题研究

国内外学者对应急物资分配问题，多数是基于需求预测做应急物资分配，夏萍首先建立多元回归分析应急物资预测模型，再基于需求建立应急物资分发模型[68]。庞海云首先利用 BP 神经网络预测应急物资需求，建立两级节点和三级节点网络应急物资分发模型[69]。徐小燕（Xiaoyan Xu，2010）等利用 BP 神经网络预测食品类应急物资需求，建立了非时变供求约束条件下和时变供求约束条件下应急资源的分发模型[70]。穆罕默迪（Mohammadi，2014）采取系统工程的方法对地震灾害应急物资需求预测及调拨中的各个环节与组成部分进行综合分析、系统建模，提出科学、有效的地震灾害应急物资需求预测及调拨模型与方法[71]。安李璐指出基于安全库存理论的应急物资需求量预测模型，建立了地震灾后首批应急物资优化分发模型[72]。因此本部分先综述需求预测方法的研究现状，再综述应急物资分配模型的研究现状。

1. 需求预测方法研究现状

目前关于应急物资需求预测，很多学者是通过预测人口伤亡数，依据人口伤亡间接确定物资需求。常用的人口伤亡预测方法包括时间序列平滑预测、线性回归、非线性回归、神经网络、案例推理预测、灰色系统模型预测、智能分析预测等方法：

（1）案例（范例）推理预测

案例推理是依靠经验和知识来进行预测的方法，它是人工智能中一种新兴的推理方法。根据类比原理可知，案例推理首先需要建立完备的案例数据库，自然灾害发生后，将发生的灾害与以往案例进行对比分析，寻找相似的案例来确定应急物资的需求量。

有些学者利用案例推理预测应急物资的需求。刘德元等通过专家分析法，选择关键特征因素，并进行分析和计算，初步确定特征因素影响权重，运用时间影响因子对特征因素影响权重系数进行调整，获得特征因素的影响权重系数，计算源案例和目标案例的相似度，通过对比得到最佳相似源案例，进一步确定应急物资的需求[73]。王兰英等通过分析自然灾害的突发性和不确定性，以及应急救援物资需求滞后性和时效性，采用专家分析法选择源案例特征因素（选择了震级、受灾面积、受灾人口、地震持续时间、震源深度等），将这些因素进行直觉模糊化处理，并确定源案例特征因素的权重系数，进一步对比确定有极大相似度的源案例即为最佳相似源案例，依据找到的最佳相似源案例确定应急物资的需求[74]。王正新指出地震发生后，应急响应速度是救援的关键，应急物资的储备、预测和及时转运等是快速响应的基础和保障。针对震后缺乏灾情信息，提出灾前分析案例库中已有的案例数据，得到与应急物资需求主要相关的特征属性，利用模糊集合的原理，建立模糊特征属性矩阵，灾后通过计算震后新案例模糊集的隶属度，与案例库旧案例的相似度进行对比，利用层次分析法确定每个特征属性的权重，进一步计算新旧案例的修正测度贴近度，贴近度最大的确定为最佳匹配案例，结合新案例中救援方式、救援条件、救援要求、救援程序等的不同，确定应急物资的需求量。并通过 2014 年鲁甸地震，选择 8 个主要特征因素进行案例分析[75]。对比分析以往案例库的数据得到相似的案例，这就要求案例数据库案例容量足够大，必须充分掌握灾害发生后最新的数据信息，才能进行类比分析，得到相似度较高的案例，以提高预测精度。赵小柠等提出灾后通过遥感、通信等信息技术手段快速、准确获得灾区当前信息。并将预测分为主震和余震两个阶段。采用最近相邻法从主震案例数据库中搜索相似度最高的案例，大大减少了搜索的空间和范围，提高了效率。搜索到相似度极高的主震案例后直接预测应急物资的需求，并利用马尔科夫预测模型预测余震类型，通过搜索余震的案例数据库，确定相似度最高的余震源案例，进而预测余震期应急物资的需求[76]。

本书认为，案例（范例）推理预测方法在进行地震灾后应急物资需求预测的问题上，有一定的局限性，主要体现在以下几个方面：

①需要搜集大量的案例建立地震案例数据库，将地震案例数据库的案例作为基础案例；

②很难找到两个完全相同的地震案例，虽存在相似的案例，但也会有很大的不同；

③新旧案例对比分析时，可能会舍掉相似案例以外其他案例中有价值的信息；

④灾后在第一时间获得更多的灾区信息，作为新案例的特征属性数据进行对比，是影响预测准确度的关键因素之一。

（2）灰色系统模型预测

依据惯性原理，针对前期生成应急物资需求的部分数据，通过系统演化的规律，实现对未来应急物资的需求预测。

曾波等指出灾后由于交通和通信的中断，造成灾区和外界隔绝，很难在短时间内采集到很多关于灾区的准确信息，获得的都是不确定的、有灰色特征的信息。通过对多方面不同信息源数据的搜集、整理和归纳，形成不同类型、不兼容的灰色异构数据序列，将这些数据进行规范化处理，建立包含实数、区间灰数和离散灰数的灰色异构数据"核"序列的 DGM（1，1）模型。依据灰度不减公理，确定最大灰度值，将其对应的信息域作为最终预测信息域，构建出灰色异构数据预测模型，并以救灾的帐篷为实例进行验证[77]。李丽丽等针对震后必须"第一时间"展开救援，但灾区救援信息严重缺乏的情况下，基于传统的 GM（1，1）模型，提出建立"去掉老信息，利用新信息"的改进后的新陈代谢 GM（1，1）模型，并进行了有效性检验和案例论证[78]。虽然灰色 GM（1，1）模型进行需求预测时所用应急物资需求的样本数据较少，但现有的预测不能有效识别应急物资需求随时间震荡变化的规律特征。普拉丹南加（Pradhananga，2016）针等学者对灰色预测模型呈现单增或单减的变化趋势，很难满足灾害应急物资的波动震荡的变化，提出对应急物资数据进行处理后，采用灰色新陈代谢 GM（1，1）模型，再利用马尔科夫链的思想进行状态概率转移，将预测结果进行二次拟合，来提高应急物资需求的预测精度[79]。中国学者（Zhouliming，2017）等通过数据处理使其满足指数变化的规律，改进了传统 GM（1，1）模型中指数规律不明显的缺点，建立了改进 GM（1，1）的预测模型，对应急物资的需求进行了预测[80]。王桐远等依据地震初期人员伤亡数量呈现的"S"形连续特征，将连续区间灰数进行标准化处理后，分为"白部"和"灰部"两个部分，实现了连续区间信息的分解。通过构建的"白部"序列预测模型和"灰部"序列预测模型，再经过推导还原形成连续区间灰数 Verhulst 预测模型。最后通过青海玉树县 7.1 级地震救灾中救治伤员所需药品的种类和数量进行验证分析[81]。为了解决预测精度不高这一问题，王正新等针对应急物资需求数据量小且震荡变动的特征，将传统 GM（1，1）模型中的 λ 由固定值转化为可变参数，实现自适应能力。再结合 Fourier 级数，建立同一目标下，GM（1，1）和 Fourier 级数相结合的预测模型，并通过遗传算法求解。最后通过福建森林火灾作为案例进行分析验证[82]。

综上所述，GM（1，1）预测模型预测所需的数据量较小，但必须及时获得灾后的应急物资救援数据。虽然在获得需求信息变化的规律和提高预测精度方面做了一些改进，仍难以满足震后黄金时间内满足快速精准救援的要求。该方法对于后期救援应急物资需求的预测有很好的效果。

（3）神经网络

神经网络是从人脑神经元网络抽象出来的一种新的人工智能方式，主要是确定最左侧的输入层神经元、中间层的层数和神经元个数，并确定神经元传递函数和最右侧的输出层神经元。

杨帆等通过分析震级、发震时刻和发震地点等影响地震人口伤亡的因素，建立地震人口伤亡评估体系，将其作为神经网络的输入层，经过正向和反向传播计算，在输出层得到人口伤亡数据，间接预测应急物资的需求量[83]。郑冰（Sun，Bingzhen，2013）等选取 6 个影响人口伤亡的影响因素（震发生时间、震级、震中烈度、抗震设防烈度、人口密度、地震预报水平）作为 BP 神经网络的输入层变量，选择 TANSIG 和 PURELINE 分别作为第一层和第二层传递函数，并选取人口死亡率和人口受伤率作为输出结果，最后借助安全库存的思想，确定应急物资的需求量[84]。钱枫林等通过对以往数据的分析，将发震时刻作为人口伤亡的第一要素，并依次选取震级、烈度、人口密度、抗震能力、地震预报水平等作为影响人员伤亡的参考因素，将这些因素作为 BP 神经网络预测模型的输入神经元，通过 1990～2010 年间统计的地震人口伤亡数据进行演练，输出层神经元输出人口伤亡数，进而预测应急物资的需求[85]。张文芬等通过分析影响海上救援应急物资需求的因素，包括应急物资的种类、海域风险发生的等级、海洋的恶劣气候、不同海域的风险程度等，将这些因素作为 BP 神经网络的输入神经元，将隐含层的 Sigmoid 传递函数替换为小波基函数，得到较准确的预测结果，最后建立海上应急物资需求预测模型，最后以山东海事辖区作为案例进行有效性验证[86]。黄星等通过分析初选了影响人口伤亡的 6 个指标（震级、震中烈度、建筑物损毁程度、震时人员在室数、人员自救能力和地震发生时间），再经过调研和专家询问的方式，增加救援能力、次生灾害发生概率及灾区总人数 3 个指标，将上述 9 个指标分为承载体减抗风险能力、暴露性及敏感性 3 个维度，经过两次 PDA 分析后，最终确定人员自救能力、应急救援水平、震时人员在室数、次生灾害发生概率、建筑损毁程度 5 个指标作为人口伤亡的主要影响指标，将其作为神经网络的输入神经元。为解决传统神经网络的训练时间长和容易出现局部最优的问题，采用径向基函数（RBF）替换传统的 Sigmoid 函数，建立快速有效的 RBF 神经网络预测模型，进而预测预计物资的需求[87]。

（4）时间序列平滑预测

时间序列预测是一种动态数列分析，是充分考虑时间变化的因素，以时间为变化量，随着时间推移预测未来的需求量。这种预测方法包含移动平均、加权移动平均、指数平滑、差分指数平滑、自回归滑动平均模型（ARMA）等方法，这些方法更多应用在有明显变化趋势或变化规律的经济预测中[88]。台湾学者（Argon Chen，2010）等通过确定时间周期，嵌入维度和延迟时间进行重构，利用直线的斜率确定最大 Lyapunov 指数 λ，最后建立改进的最大指数算法[89]。

（5）回归分析

依据相关性原理，以应急物资需求为因变量，通过分析以往数据，寻找影响应急物资需求的多个变量，将这些变量作为自变量，建立包含多个自变量和一个因变量的应急物资预测模型，实现应急物资需求预测。回归分析包含线性回归和非线性回归，既可以是一元的也可以是多元的。

张洁等通过选取 2008 年汶川地震中北川等 6 个市县的人口伤亡人数、居住人口数、房屋倒塌率、一般破坏率、严重破坏率等数据进行分析，得出灾区人口伤亡人数与房屋破坏面积直接相关，构建以房屋倒塌率为自变量，人口伤亡人数为因变量的预测模型。经过误差的百分比分析，发现有些市县（都江堰）的误差较大，调整发震时刻和灾区人口密度两个因素，构建出预测计算结果与实际数据相对比较为精确的人口伤亡预测模型，以便于确定应急物资的需求，并用玉树地震的数据进行了验证[90]。刘金龙等通过分析1990~2006年我国主要的84次破坏性地震造成人口伤亡的数据，排除房屋抗震能力、人口密度、救援效率等较难统计的因素，最终得出影响人口伤亡的主要影响因素，将震中烈度作为第一影响因素，通过拟合得到预测函数，并将震级和人口密度作为修正参数，得出包含震中烈度、震级和人口密度三个影响因素的地震人员伤亡预测模型，再预测重伤人数，为应急物资需求预测提供基础数据[91]。郭子雪等根据应急物资需求预测不确定性和影响因素多的特点，提出在应用三角模糊数及模糊度的基础上，定义和构建应急物资需求的三角模糊系统，建立多元模糊回归的应急物资需求预测模型，并给出参数估计的方法，采用10次地震的案例数据进行分析验证[92]。

关于受灾点的需求一般假设需求量都是固定不变（已知）的[93]，王海军假设灾害发生后灾区对应急物资需求的种类和数量都是已知确定的[94]。中国学者（Zhihua Hu，2015）等将需求量随机变化的概率作为已知条件，然而这种随机变化的概率很难进行准确有效的预测[95]。因此本书通过对现有预测方法和模型进行对比，选择能满足快速精准的预测模型，为应急物资的分发奠定基础。

2. 应急物资分配模型问题的研究现状

突发性、不确定性、非常规性自然灾害的发生，使各个受灾点急需大量的应急物资，如食品、救援设备、衣物、帐篷、药品等[96]，但救援物资通常是有限的，如何科学合理地分配救援物资是应急快速响应所要解决的重要问题，是救灾减灾的前提，它决定着救灾减灾的效果。对应急物资分配问题，国内外学者从不同的目标、背景、方法、要求、建模和技术等多个方面开展了研究。从研究方法上来看，主要包括各类数学规划模型、运筹学优化理论、组合数学方法、网络流模型、模糊数学模型、博弈论等方法[97]，本书采用这些方法中使用最多的线性规划法。

当前国内外学者对于物资分配的时间问题主要是基于运输或配送路径的规划研究，张毅等针对应急救援物资分配时间问题，将时效性、经济性和安全性三个指标转化为单一目标决策问题即车辆运输线路问题，建立了应急物资车辆运输可选路线的决策效用函数模型[98]。李悦等以时间效益最大为目标，提出了震后应急救援物资配送路径方案三步骤理论，分析了不同阶段救灾物资配送的特点，建立时间最短的配送路线选择模型[99]。谢（Sheu. J. B，2007）也认为在应急事件处理中时间是第一位的，针对应急物资配送问题，建立了三层应急物资配送框架，构建了物资配送机制，最后以台湾地震为例验证并得出了有效结论[100]。韩国学者（Hwang，1991）在研究灾后援助粮食的分配问题时，将粮食分配与配送路径规划综合考虑[101]。通过选择孕灾环境、致灾因子和承灾体等灾害情景的关键要素，构建复杂的灾害情景，在灾前设立的应急物资仓库中，依据灾害情景选择能够满足需求的仓库作为出救点，建立应急选址—分配两阶段模型[102]。布朗（Brown，1993）利用优化方法和模拟技术，将应急物资的分配和调度结合起来作为一个综合决策系统来研究[103]。罗尔斯（Rawls，2012）等将设施选址问题和车辆路径问题集成，研究了应急物资分配中的 LRP 问题[104,105]。魏依（Wei Yi，2007）把应急物流问题分解为车辆路径构建和多种类应急物资调度两个阶段，在第一阶段根据信息的变化进行随机车辆路径优化，第二阶段考虑不同类型的运输车辆建立应急物资分配模型[106]。王旭坪等建立了运力受限情况下的应急物资动态分配与车辆调度问题的数学模型[107]。菲德里希（Fiedrich，2000）等针对地震后灾区救援存在救援物资数量有限的情况，提出了多个受灾点的物资分配和运输的优化数学模型[108]。

应急物资分配多数基于后方应急物资调度，宋明安在讨论应急救援物资运输配送时，将救灾物资分为"前端物资"与"后端物资"两个部分。前端物资研究如何在最短时间内，将所有供给点提供的救灾物资指派到各地区物资配送点。后端物资研究了资源指派，并讨论了灾害发生初期所表现出的物资供需失衡问题。文章基于后端物资的指派建立了以物资运输时间最短并追求物资的高效分发模型[109]。学者（Holguín-Veras，2013）指出灾难发生后，灾区对应急物资的需求急剧增加，而后方应急物资难以在短时间内满足灾区需求，因应急物资的缺乏而造成灾情继续扩大，为此提出在短时间内以公平为目标为灾区提供首批应急物资[110]。郑斌通过考虑时间限制、最低满足率限制及运力限制建立了双层规划动态模型，上层以时间满意度为目标，下层以应急物资分配公平性为目标，但还缺少储备点的动态选择、运输工具选择等因素，该模型建立有中转设施的两阶段模型，分配的应急物资是国家储备应急物资，没有考虑社会化的应急物资[111]。本书的研究不考虑后方应急物资的调度，主要利用属地社会化的应急物资。

关于应急物资分配的研究多数是分阶段进行的。梅特（Mete，2010）对应急物资中的医疗用品分为灾前储备点选择和灾后分配两个阶段，第一阶段是利用随机的方法建立医疗用品的存储，第二阶段是通过捕捉和模拟灾难场景生成分配方案，作者仅考虑了库存，没有考虑应急需求[112]。学者（Barbarosoglu，2004）为灾难救援运作中直升机任务计划建立了一个双层数学规划模型，上层模型决策飞行员的派遣及应急物资的分配，下层模型决策直升机的飞行路线及装卸量。为了解决在初始物资运送时，建立了一个两阶段的货物网络流模型，该模型模拟救援物资的运输计划，解决了多物资多运输方式的物资分配[113]。王海军指出自然灾害发生后，需要快速展开救援，满足受灾地区需求，这就需要选择合适的应急物资配送中心（供应点收集物资）作为出救点，建立出救点、集配中心和受灾点构建的三级分配网络，按照应急分配方案将应急物资送到受灾点[114]。通常地震灾害发生后，在时间和资源有限的情况下，应急物资从后方各个国家储备库运到灾区设置的应急物流中心，再由应急物流中心，送到各个受灾点，需要经历两个阶段[115]。从灾区分配体系来看，多数研究者构建了包含救灾物资储备库、应急物资配送中心及受灾点三层结构的应急物资快速配送体系，应急物资配送中心成了应急物资必须的中转点，严重影响物资的分配效率[116]。本书研究的应急物资分配是在不考虑后方应急储备的前提下，利用属地众储物资，将分配分为集中和分散两个阶段。

从供应点和需求点数量来讲，包括从国家物资储备库到应急配送中心的单供应点到单需求点的情形，周愉峰在研究应急物资储备库原值时，虽然考虑了灾后储备库损毁情况，假设建有储备库的需求点为自己提供服务，但不做物资分配，没有建立储备库的需求点，只有一个储备库提供需求，这实际是一个储备点对一个需求点的问题[117]。从单个应急配送中心到多个受灾点的单供应点到多需求点的情形，胡志华（Zhi-hua Hu，2011）研究了应急物资从单个供应点到多个应急点的分配和路径优化问题[118]。从多个配送中心到单个受灾点的多供应点到单需求点的情形[119]，刘春林等将受灾点假设为一个需求点，以时间最短为目标建立了多个出救点到单受灾点的分配模型[120,121]，从多个配送中心到多个受灾点的多供应点多需求点的情形[122]。王旭坪研究了灾害发生后，将一个区域内的多个受灾点假设为一个临时需求点，快速选定大型物资集散中心作为临时的救援点，建立多个救援点与多个需求点之间的分配模型[123]。相比较而言，多供给点单需求点应急物资分配问题关注度最高，多供应点多需求点的应急物资分配问题研究较少，更多研究集中在多阶段应急物资分配上[60]，从多个储存点直接到多个受灾点的直接分配研究更少。本书正是研究多个供应点到多个受灾点的直接分配。

诺特（Knott，2010）等学者将成本最小作为应急物资分配的目标，构建应急物资分配模型[124]；国内外很多学者以出救时间最短为目标，不计成本的展开快速救援，将应急物资分配与某一个方面集成综合进行研究[125]。然而，最高效的救援不一定是最公平的，也不一定是最有效的，这是由于灾区需求未满足的比例高，就会造成救援的不公平。李双琳提出了地震灾害发生初期，以时间最短和损失最小为目标的应急配送中心选址和多式联运构成的应急物资配送系统，该系统缺少灾区应急需求和多种运输方式组合的直达投送[126]。应急物资分配与一般物资分配有很大的不同，自然灾害发生后，应急物资分配必须将时间作为第一目标，公平因素也必须考虑，在最短的时间内把救援物资分配给更多的受灾人员，最大程度的满足灾民需求[127]。本书根据分配不同阶段的要求，选择不同的目标函数，第一阶段选择时间最短为目标函数，第二阶段选择公平和损失为目标函数。

目前关于分配问题的研究仅考虑其一个方面或是几个方面的结合。缪成等大部分研究者将灾后道路状况作为已知确定的因素进行分配建模[128,129]，学者（CL CL Liu，2001）等考虑灾后道路损毁情况，构建新的路网进行优化模型[130-134]。萨尔曼（Salman，2015）仅考虑了公路和道路损坏下的路网，获得每一个需求点到每一个备选供应点所形成的一系列或一组备选路径，选择最短的路径进行物资分配，缺少了航空及其他方式的救援[135]。黄凯（Huang K，2015）等假设从需求点到供应点每条路径上的供应量是已知的条件下，将向多个受灾点的物资分配与运输工具的种类相结合[136]。艾哈迈迪（Ahmadi，2015）考虑了运输网络故障和多种车辆两个因素，通过确定仓库和灾区的位置，以标准救济时间为目标，建立人道主义物流模型，解决最后一公里救援问题[137]。瑞斯（Rathi，1992）建立了一个考虑运力约束的单品种应急物资分配问题[138]。刘春林认为，从出救点到需求点时间不确定，但每个时间点能以最快的速度展开救援，因此考虑了救援时间的限制条件[139]。本书研究综合考虑了众储点供应量，受灾点需求量，运输工具种类，运输工具的重量和体积限制，运输路线和道路损毁，道路容量限制，受灾点满足率等多个因素。

综上所述，以上研究很少区分属地和后方应急物资，大多数应急救援依赖于后方救援物资的到达，考虑国家储备物资，出救点都是固定的。本书研究不依赖后方救援物资，充分利用属地众储物资，出救点根据灾区需求进行搜索，不是固定的，这样可充分利用距离灾区最近的优势实现快速精准救援。对于应急物资的调度、应急车辆的调度、设施（应急配送中心）的选址、应急物资的分配和车辆路径等问题，多数研究都是分别解决的，很少把这些问题综合起来考虑。但事实上，它们之间存在相互影响、相互依赖的关系，本书将属地众储物资分配分为两个阶段，针对不同阶段救援的要求，建立不同的目标函数，并综合考虑需求预测、供应点选择、现有路网损毁状况、车辆选择、路径选择、供需匹配等多个因素，制定科学的属地物资分配方案。

根据现有文献的阅读和梳理，发现基于需求预测研究分配的文献很多，研究基于储备选址和路径规划的文献很多，基于需求和储备研究分配的文献很少。张美提出应急物资分配是由物资信息输入子系统、物资信息转换处理子系统和应急物资分配方案输出子系统构成的决策系统，并从定性的角度做了分析，指出应急决策机构根据突发事件的影响大小和范围对受灾点所需的应急物资进行需求分析，还需熟悉应急物资的分布、储存量、品种、规格及供应点的运输能力等具体信息，再决定发送应急物资的品种和数量。同时根据供应点的应急物资储存量和受灾点的需求量来确定是否需要筹集应急物资，对于供应量不足的应急物资，通过各种渠道筹措。最后，组织运输和配送应急物资，并将应急物资送到受灾者手中[140]。因此本书将需求预测、应急物资储备和分配作为一个有机整体来研究，构建了属地应急众储物资分配有效性三角结构框架，并通过仿真案例进行验证。

本研究正是基于以上研究的成果与缺陷，在借鉴前人研究成果的基础上，力求弥补前人在随机性出救点，属地应急物资分配的集成研究方面的不足，为完善救援物流理论进行的进一步探索。

2.3　本章小结

本章从应急物流、应急物资储备、应急物资分配三个方面理论基础进行研究。从应急物资分配基础问题、应急物资分配模式和应急物资分配模型问题三个方面进行了文献综述、梳理和评述。通过总结和分析发现，目前缺乏对属地应急物资和后方应急物资的定义和分类，因而明确界定了属地应急物资分配的概念，并指出与一般物资分配的区别。国内外学者较少对应急物资分配模式进行研究，多数是基于需求预测做的应急物资分配，而基于需求和储备进行分配的研究很少。虽然有很多学者研究物资储备的问题，也涉及了社会化储备，但对于属地虚拟众储的研究很少，将需求预测、虚拟储备和分配作为一个系统来研究的则更少。考虑多约束条件下的物资分配问题研究中，多数学者是单独考虑某个因素，或者考虑其中几个因素，将多个因素综合考虑的很少。而本研究考虑影响分配的多个因素，建立综合分发模型。为此，本书深入研究属地应急众储物资分配有效性的三角机理，并对三角结构进行深入剖析，为快速精准救援提供理论基础。

3

属地应急众储物资分配机理分析

众储物资分配有效性是实现属地快速精准救援的关键，能够真正解决应急救援"最后一公里"的问题。自然灾害发生后，特别是破坏性地震发生后，灾区道路损毁、通信瘫痪，灾区与外界联系中断，灾区需求处于"黑箱"状态，国家储备的应急物资不一定能够满足灾区需求，有时很难在第一时间送抵灾区，社会应急物资没有得到很好使用。救援主要依靠决策者的个人经验进行应急物资分配，缺乏科学性，很难实现快速精准救援。本书通过天、空、地一体化信息监测系统的组建，实现了灾区信息的快速获取，利用社会化的应急物资，展开快速应急救援。基于以上考虑，本章将研究大众应急、众储物资、众储物资分配的概念和特点，通过分析影响众储物资分配的三大主要因素，探讨构建有效性分析框架和三角结构框架，并进一步阐述三角结构关系和运作机理。

3.1 众储物资分配基本概念

本节主要研究大众应急、众储物资、众储物资分配的概念和特点，为后文构建众储物资分配三角结构框架提供概念支撑。

3.1.1　大　众　应　急

国家对大众应急并没有明确的定义，但《国家突发公共事件总体应急预案》《中华人民共和国突发事件应对法》和《国家综合防灾减灾规划（2016～2020 年）》等文件明确指出：“增强全民风险应急意识，动员全社会力量广泛参与，积极发挥社会力量在应急救援中的重要作用”。目前我国提倡的全社会应急力量广泛参与应急救援，与大众应急的思想和内涵是一致的，这种应急救援可以作为国家应急救援的有效补充，能够实现灾后属地“第一时间”展开先期救援，快速应急的目标，最大限度地减少人口伤亡和财产损失。

有些学者研究了“大众创业，万众创新”的内涵。本书借鉴其中大众的含义，大众一般指众多的人，泛指社会民众、群众，这里的大众包括个人及由个人组成的各种组织。应急的基本词义是应付急需即应付紧急情况。一般来说，应急是指应对突然发生的，需要紧急处理的事件。它包含两层含义：一层含义是事件的发生是客观的，不以人的意志而转移；另一层含义是在主观上，对已经发生的事件采取行动，进行紧急处理，以减轻事件的后果，如抗震救灾、抗洪抢险、应急避难等。国外钱伯斯词典把应急（emergency）定义为：突然发生并要求立即处理的事件。

综上所述，大众应急是一种社会组织或社会民众为应对紧急事件或者突发事件采取的行动，以减轻这些事件造成的严重后果。其中社会组织包括企业（生产企业、电商企业、仓储企业、零售企业等）、志愿组织、家庭等；社会民众包括志愿者和个人。其目的主要有两个：一是社会救援力量广泛参与，充分利用社会物资，实现平急转换，应对突发事件；二是快速救援，减少突发事件造成的人员伤亡和财产损失，维护社会稳定。

自汶川地震以后，国家不断完善大众应急机制，在之后的应急救援中大众应急发挥了积极作用。雅安地震中前方社会救援力量广泛参与，组建了多个大众应急组织：后勤保障、前线通行管理、信息协同、登记报备等 12 个支持性组织；灾情排查、现场救援、物资发放、协助疏散等 65 支救援队；心理服务、伤员服务、净水服务等 10 支服务队；筹资、物资捐助、救援支持等 9 家基金会；协助疏散、物资搬运、伤员救护、后勤保障等 2 288 人志愿者；款物捐赠、物流支持等 18 家企业。后方救援组织 219 家，志愿者 4 332 人，志愿组织 30 家。雅安地震救援已经初步实现了"社会协同，公众参与"的大众应急。九寨沟地震发生后，团省委第一时间成立了四川省"8·8"社会组织和志愿者协调中心，作为协调众多社会组织和志愿者的平台和枢纽，为社会组织和志愿者服务，实现大众应急。

大众应急是国家应急救援体系的有效补充，作为属地重要的应急救援力量，具有机制灵活、快速响应、距离灾区近、熟悉灾区情况等特点，能够真正解决属地"最后一公里"应急救援的问题，做到不依赖外部救援先期快速反应，紧急处置。大众应急机制需要全国各地组织队伍积极完善，在后续应急救援中，发挥属地快速救援的优势。

3.1.2 众储物资

大众应急的一个重要方面就是要求发动社会力量，共同参与应急物资的储备，逐步推广协议储备、依托企业代储、生产能力储备、志愿组织储备、家庭储备和个人储备等多种储备方式，不断完善以政府储备为主、社会储备为辅的应急物资储备机制，真正做到按照区域特点进行应急物资的储备，实现应急物资储备的均衡化，保障应急救援能在第一时间提供救灾所需的应急物资。

众储物资指的是大众应急储备物资，它不是自然灾害发生后才出现的，而是平急结合的大众储备物资，是整合灾区及灾区周边各类企业、电商、志愿组织、家庭、个人等不同存储主体可以提供的救援物资。平时状态下，作为生产运作管理的物资、流通物资、家庭储备物资和消费物资，紧急状态下，可作为快速响应的应急物资。当应急物资存储空间足够充足、流通渠道足够宽广、信息平台足够强大时，就可以在全国建立足够大的虚拟仓储，为每一个受灾需求者提供个性化的应急物资。众储物资具有以下特点：

（1）社会广泛性

社会广泛性是众储物资区别于国家储备物资的最大特点。国家应急物资储备是国家应对突发性事件，利用中央和地方政府资金，由政府提前建立的应急物资长期性储备，国家负责统一掌握和调配。众储物资是一种民间社会物资，分散存储在不同社会所有者手中，可以通过实物储备、企业代储、协议储备、生产能力储备等多种储备方式实现社会应急物资的多元化储备。众储物资需要利用计算机、通信网络等技术，充分动员社会力量，对不易存储、周转效率要求高、国家储备量少、无法满足灾区特性需求的应急物资，进行有效整合，建立虚拟应急物资储备。目前需要不断完善社会动员机制和奖励机制，建立广泛的社会应急物资储备。

（2）平急结合性

没有灾害发生时，生产企业按照市场需求进行生产，电商企业按照电商平台的要求进出货，零售企业按照日常的经营进行流通，家庭根据日常需求进行消费。社会化信息平台按照储备协议，对这些不同的社会存储主体进行统一管理，保证一定数量的应急物资储备。灾害发生时，将平时状态转为应急状态，所有社会存储主体按照应急预案和应急演练的要求，由应急协调指挥调度部门统一指挥调度，按照应急物资分配的要求向灾区提供救援所需的应急物资，全面参与应急救援。

（3）存储多元性

从储备方式看，包括以实物形式储备在仓库中，应急时可以随时调用的应急物资，即实物储备；包括与各类企业、社会团体、家庭和个人等储备主体以签订合同的方式进行代储，即合同储备；包括与具有生产、转化或研制能力的单位，通过订立协议，应急时按照协议转为应急生产，即生产能力储备。实物储备、合同储备、生产能力储备等多种储备方式相结合，实现了众储物资存储的多元化。

此外，与国家救援物资相比，众储物资具有距离灾区较近、救援速度快、物资种类多样、满足特定需求等显著特点，具体对比如表 3 – 1 所示。

表 3 – 1　　　　　　　　　**众储物资与国家储备物资的对比**

对比条件	众储物资	国家储备物资
目标	快速	快速、公平
特性	社会性	政府性
与灾区的距离	较近	较远
资金来源	社会资金	政府资金
运抵灾区的时间	较短	较长
物资种类	多样性	国家救灾物资目录规定的种类
个性救援	根据受灾地域和救援特点存储物资，容易满足灾区特定需求	存储物资具有通用性，较难满足灾区特定需求
救援依赖性	不依赖后方物资的到达，实施前期救援	后方物资到达后展开救援

3.1.3　众储物资分配

自然灾害发生后，灾区道路中断，通信瘫痪，灾区与外界失去联系，灾区需求完全处于"黑箱"状态，灾区急缺的食物、饮用水、药品、帐篷等紧急救援物资很难在第一时间运抵灾区，需要利用属地众储物资展开先期救援。众储物资分配是指大众储备物资分配的过程。众储物资分配管理是指在突发事件发生后，后方应急物资没有送达灾区之前，根据不同地区的受灾情况确定应急物资需求，综合考虑存储点选择、出库能力、道路状况、运输工具、灾区需求等因素，在最短的时间内将分散存储在灾区及灾区周边不同存储主体的应急物资，向受灾点进行物资分发的过程。

与一般应急物资分配相比，众储物资分配具有以下特点：

（1）快速响应性

众储物资分配的最大特点就是快速响应性。可以从三个方面进行说明：一是从距离来看，众储物资存储在灾区及灾区周边，与后方救援物资相比，这些物资距离灾区最近，可以实现快速救援。二是从调配环节来看，后方救援物资在调配环节上，要比众储物资复杂很多，灾害发生后，申请使用国家储备的应急物资需由受灾地区的省级民政部门向民政部提出申请，民政部审核同意后向代储单位发出调拨通知，申请单位负责应急物资的接收、发放，国家储备的应急物资送到灾民手中需要较长的时间。相比之下，灾害发生后，灾区指挥救援人员可以根据灾区需求，按照储备协议直接从众储点调运众储物资，救援结束后根据协议或政策再进行补贴。三是从信息平台来看，平时众储物资利用信息化平台，实现了统一管理，资源信息共享，灾后可以在第一时间，利用属地众储物资的信息化平台，快速选择满足灾区需求的众储点，对灾区需求做出快速响应。这种众储物资的分配按照灾前签订的协议履行，可实现众储点到受灾点的直接配送，减少了中转环节。

（2）阶段性

众储物资分配并不是一次性分配，而是分阶段进行的分配，每一阶段分配的目标也不相同。通过对应急物资分配的过程及特点进行分析，将众储应急物资分配分为两个阶段：第一阶段是灾害发生后，集中众储点应急物资分配，将灾区及灾区周边已经建好的集中众储点的众储物资向受灾点进行分发，该阶段众储物资分配是以快速救援为目标，将属地众储物资以最短的时间运抵灾区，满足灾民需求，减少人员伤亡。第二阶段是分散众储点应急物资分配，将集中众储点周边分散众储点的应急物资，汇集到集中众储点后，并与集中众储点分配剩余的应急物资一起进行再次分配，该阶段是在初步满足灾区紧急需求后，充分考虑各个灾区的需求，以公平性作为目标进行分配。

（3）分配主体单一性

国家应急物资分配的主体包含民政、水利、卫生、交通等多个国家省市应急管理部门和红十字会、慈善总会及其他民众组织等非政府机构。众储物资需要有一个应急指挥平台做支撑，在平时统一管理，在应急时统一调配，应急指挥平台唯一的管理主体是各级应急协调指挥中心。灾害发生后，属地应急协调指挥中心根据灾情预测应急物资需求，根据需求调配灾区及灾区周边的众储物资，并将灾情和需求及时反馈到上一级应急协调指挥中心，上一级应急协调指挥中心进行后方应急物资调配，并以最快的速度运抵灾区。运抵灾区的后方应急物资也由属地应急协调指挥中心进行统一分配。因此，分配主体是属地应急协调指挥中心，具有单一性的特点。

（4）复杂性

众储物资分配时，需要考虑众多因素。需要获得灾情信息，依据获得的信息预测灾区对应急物资的需求，基于预测的灾区需求，综合考虑应急物资存储点的位置，存储点的众储物资能否满足灾区的需求，存储点众储物资能否正常出库，存储点运输能力和出库能力，集中众储点周边的分散众储点应急物资和运输工具的汇集情况，众储物资投送灾区时的道路状况，灾区得到援助的极限时间等因素。只有将这些因素综合考虑，才能制定出满足灾区切实可行的应急分配方案，保证应急物资顺利抵达灾区，实现快速救援。

众储物资分配的物资种类繁多，根据国家发展改革委办公厅印发的《应急保障重点物资分类目录（2015年）》，将应急物资分为现场管理与保障、生命救援与生活救助、工程抢险与专业处置3大类，16种类，65小类，针对每一小类还有若干种重点应急物资。

自然灾害的种类不同，所需的应急物资种类也不同（如表3－2所示）。即使是同一个自然灾害，不同受灾点所需的应急物资也不相同，如在2008年汶川地震发生后，5月20日由新浪网汇总灾区各地应急物资的紧急需求（如表3－3所示）。一次自然灾害中，同一地区，不同救援时间，所需应急物资也是不相同的。如汶川地震灾害刚发生时，对于帐篷、救援设备、食品和饮用水的需求量大；灾害发生一段时间后，灾区对于消毒液、药品、食品和饮用水的需求量大；灾区恢复阶段，对于水泥、钢筋、沙子等建筑材料的需求量较大。

表 3 - 2　　　　　　　不同自然灾害对应急物资的需求

自然灾害	急需应急物资种类
地震	饮用水、帐篷、食品、挖掘机械、探测生命设备、药品
洪水	冲锋舟、橡皮艇、排水设备、沙袋、饮用水、帐篷、食品
旱灾	喷灌设备、抽水泵、流动泵、钻机、饮用水
火灾	灭火设备、消防车、防火面罩、呼救器、逃生呼吸装置、逃生滑道、安全逃生绳、防火服、灭火器、头盔等
泥石流	挖掘机、帐篷、生活用水、药品

资料来源：作者根据地震救援新闻的统计。

表 3 - 3　　　　　　　汶川地震中不同地区应急物资需求

地区	急需应急物资种类
成都	婴儿奶粉、洒水车、移动式厕所、吸粪车、移动式净水车、垃圾车、垃圾桶、扫地车、运渣车
汶川	帐篷、大量药品、大量粮食
汶川映秀镇	消毒药水
北川	大型专业机械、饮用水、胃肠道疾病内科（藿香正气液、黄连素、氟哌酸）发烧口服、针剂（阿司匹林、散利痛）破伤风抗毒素、皮肤病（百多邦）
卧龙灾区	帐篷、睡袋、睡垫、电筒、干电池和收音机等户外装备，外伤用药、消炎药（抗生素药为主）、肠道疾病用药、感冒药和消毒药，食品和水
彭州	口罩、胶手套、隔离衣和日常生活用，生理药水、止血药、抗生素、双氧水、感冒药等药品
绵阳	手电筒和电池
绵竹	帐篷
绵竹汉旺镇	抗过敏的炉泔石洗剂
青川	帐篷、药品、防疫药品、医疗设备和医疗专业人员

续表

地区	急需应急物资种类
广元	帐篷、棉被、床单、脸盆、消毒药、感冒药、防中暑药、防泻药、光纤
江油	帐篷
什邡蓥华镇	帐篷

资料来源：http://news.sina.com.cn/z/08earthquake/jqwz.shtml。

3.2　众储物资分配三角结构

众储物资分配是属地快速精准救援的关键点和难点。本节通过阐述众储物资分配管理基本原则，分析影响众储物资分配的主要因素，提出众储物资分配有效性分析框架，进一步给出了众储物资分配的三角结构框架，并指出三角结构的关系和运作过程。

3.2.1　众储物资分配管理基本原则

（1）不依赖性

自然灾害发生后，后方大批救援物资很难在第一时间运抵灾区，必须充分利用存储在灾区及灾区周边的不同存储主体的众储物资，如药品、食品、衣物、帐篷等展开先期处置，快速响应，第一时间满足灾区需求[141]。在后方大批救援物资未送达之前，根据受灾地灾情信息，确定灾区对救援物资种类和数量的需求，基于需求选择众储点，将需求和众储点信息输入综合分发模型，得到众储物资分发方案，保证应急物资顺利送达灾区，利用属地众储物资展开快速救援。因此，众储物资分配管理应遵循不依赖性原则。

（2）快速性

快速性是众储物资分配遵循的主要原则之一。平时状态下，众储物资需要通过信息化平台，实现统一管理和信息资源共享，建立快速应急响应机制。根据灾后第一时间预测的灾区需求，以时间最短为目标，考虑运输工具、道路状况、出库能力等因素，将众储点的应急物资直接向受灾点进行分发，减少中间环节，缩短运输距离，加快出库速度，这样才能缩短众储物资从众储点到灾区需求点的时间，为在黄金时间内展开前期救援争取宝贵的时间，最大限度地减少人员伤亡。

（3）精准性

精准性是指灾区应急物资需求的精准。灾害发生后的前期救援，往往是根据灾区的需求预测展开，避免灾区不需要的应急物资大量送达，急需的救援物资却没有送达，这样不但不能展开前期救援，还会造成大量救援物资的浪费，不能发挥众储物资的价值。因此需要第一时间获得灾区受灾信息，根据获得的信息进行需求预测，为众储物资分配提供依据，还必须综合考虑分配后影响应急物资送达的各种因素，保证分发方案的可行性，为精准救援提供保障。

（4）协调性

众储物资分配的前提是各应急部门之间的相互协调。灾情信息需要卫星、遥感、无人机等航天部门、通信部门及灾区应急协调指挥部门相互配合才能获得，通过得到的一手灾区信息明确灾区救援需求。众储物资的汇集需要企业、电商、家庭、志愿组织，以及个人等各存储主体之间的相互配合，才能保证众储物资的及时分配。众储应急物资分配时需要综合考虑各种约束条件，需要交通、气象、部队等部门的相互协调。

3.2.2 众储物资分配有效性分析

众储物资分配有效性是指灾害发生后大众储备物资实施快速精准分配的程度。属地物资救援是在极端恶劣环境下进行的，分析究竟哪些因素影响应急物资分配，关系到众储物资分配的有效性问题。

1. 影响众储物资分配的主要因素

自然灾害发生后，众储物资分配在属地极其恶劣环境下实施物资筹措、包装、搬运、装卸、配送及信息处理等一系列环节，作业涉及面广，组织难度大。通过在四川灾害发生地走访调研，考察国内外大量灾后救援实际案例，可以看出影响属地众储物资分配有效性的三个主要因素：

（1）需求黑箱

由于自然灾害的突发性、难以预测性，灾后道路中断、通信网络瘫痪，灾害监测技术的单一，以及多平台融合、灾害大数据分析和智能化预测等先进技术的缺乏，使灾害一旦发生，整个灾区就与外界失去联系，灾区需求完全处于"黑箱"状态。很少有关于灾区实际灾情的数据上报应急协调指挥中心，应急协调指挥中心也只能依靠经验模型进行快速预测计算，而这种计算结果往往不能在第一时间准确获得灾区的受灾范围、破坏程度、灾情变化、灾民数量等信息，对灾区救援所需应急物资的种类和数量难以确定，造成灾区需求"黑箱"，无法实现快速精准救援。因此，灾害发生后，快速解决灾区需求"黑箱"问题，尽可能缩短需求"黑箱"的时间，是实施众储物资分配有效性的前提[142]。

（2）物资稀缺

目前，我国应急物资储备还是以国家储备为主，然而国家应急物资储备存在分布不均衡，物资短缺，距离灾区较远等问题，难以在第一时间满足灾区需求[143]。2003年新疆喀什地震，由于灾区周围缺少应急帐篷的储备点，只能用5天的时间从武汉国家应急物资储备点调运6 000顶帐篷入疆。单一的储备方式也造成应急物资种类单一，数量较少，特别是保质期较短的应急物资更少。灾害发生后，经常出现"救援无物"的现象，或者出现救援物资短时间内被"调空"的现象。5·12汶川地震发生后，救灾急需的药品大量缺失，中央储备库存储的帐篷48小时内全部被调空，虽然民政部通过多渠道筹措，但整个缺口还高达80万之多。当前应急救援忽视了各类企业、家庭、志愿组织、个人等社会大众储备的应急物资，这些物资分散存储在不同的所有者手中，平时缺乏网络化和平台化管理，在基础设施受到破坏和通信网络瘫痪的情况下，不能及时为灾区救援提供所需的应急物资[144]。

（3）分发盲目

自然灾害发生后，灾后道路中断、通信网络瘫痪，很少有关于灾区实际灾情的数据上报应急协调指挥中心，救援时只能凭借救援指挥者的经验做出物资分发决策，无从得知受灾区所需物资种类和数量。决策者根据自己经验和判断做出的分发方案，物资分发不均，有些地区不需要的应急物资分发超量，需要的却没有送达，无法实现精准救援，这就体现了分发的盲目性。由于缺乏总体考虑，造成物资分发方案制定后，仓库坍塌应急物资不能及时出库，道路的瘫痪无法及时运达。这都体现了应急物资分发的盲目性。

自然灾害发生后，为了在最短时间内消除需求黑箱、物资稀缺和分发盲目三大主要因素影响，解决属地快速精准的物资分配问题，以保证应急救援的高效性，本书提出属地众储物资分配有效性分析框架。

2. 构建分析框架

自然灾害发生后，灾区需求往往处于"黑箱"状态，应急指挥中心无法在短时间内准确获得灾区救援所需应急物资的种类和数量，解决需求"黑箱"问题，就需要借助不依赖灾区上报的新型灾情快速获取技术，保证灾区需求的"可预测性"，这是实现属地众储物资有效分配的前提条件；实现需求由"黑箱"（灾区应急物资需求无法获得的状态）到"灰箱"（灾区应急物资需求逐步获得的状态）再到"白箱"（灾区应急物资需求精准获得的状态）的转变[145]，确定了灾害现场应急物资需求数量和种类之后，需要尽快克服属地应急物资稀缺的问题，搜索查找属地有无所需应急物资，这些应急物资存放在何处，能否快速获得，我们必须保障应急物资的"可获得性"，消除快速救援的障碍；当快速获取了属地应急物资的空间位置之后，避免盲目物资分发，做到多个灾点物资分发的"精准性"，这将成为应急救援成败的关键。为此，本书提出需求可预测性、物资可获得性和分发精准性的属地众储物资分配有效性分析框架（如图 3 - 1 所示）。

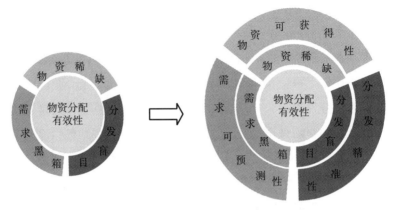

图 3 - 1　众储物资分配有效性分析框架

3. 有效性分析

（1）需求可预测性

灾害发生后，时间成为救灾最宝贵的资源，在网络瘫痪、通信中断的情况下，快速准确获得灾区的需求预测信息。根据需求信息，第一时间展开救援，缩短救援时间，从"黑箱"变为"灰箱"再变为"白箱"的时间越短，灾区人员存活率越高。针对需求黑箱，保证需求可预测，明确"需要何物"是展开快速救援的前提。

（2）物资可获得性

国家应急物资储备的不均衡和储备种类的单一，导致灾害发生后，经常出现"救援无物"的现象，或应急物资短时间内被"调空"的现象。应急物资储备是快速救援的保障，灾害发生前，做好各种应急物资的平时储备，并实现信息化和平台化的统一管理，在灾害发生后，能够及时获取这些应急物资的信息，实现应急物资的可获得性，从根本上解决应急物资种类和数量不足的问题，做到"有物快取"。

（3）分发精准性

重大自然灾害发生后，灾情信息复杂多变，需要在有限救援时间的约束下，综合考虑道路状况、运输工具、出库能力等各种因素，针对灾区应急需求，形成科学优化的分发方案，这样才能实现分发方案的精准性，在分发方案实施后真正做到科学救援，精准救援，实现"物尽准分"。

3.2.3 众储物资分配三角结构框架

灾后灾区需求处于"黑箱"状态，快速获得灾情信息，解决需求"黑箱"问题，实现灾情可预测性，最终通过需求预测来明确"需要何物"，这成为实现分配有效性的前提。灾区需求确定后，搜索能够满足灾区救援所需的应急物资，实现灾后物资可获得性，需要建立属地应急物资虚拟众储，利用综合信息平台，形成快速响应模式，做到"有物快取"，它是实现分配有效性的保障。确定了需求，并选择了虚拟众储点之后，综合考虑各种因素，建立科学优化的众储物资综合分发模型，确保应急物资按照灾区需求送达，实现精准分发，做到"物尽准分"，这是实现分配有效性的关键（如图 3 - 2 所示）。

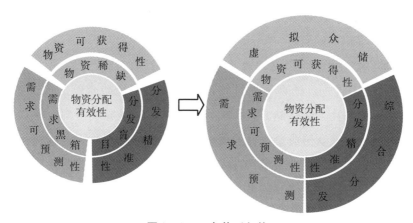

图 3 - 2 三角体系架构

需求预测明确"需要何物"，是实现属地应急分配有效性的前提；虚拟众储明确"有物快取"，是实现属地应急分配有效性的保障；综合分发做到"物尽准分"，是实现属地应急分配有效性的关键和根本途径，这三者构成三角结构（如图 3 - 3 所示）。

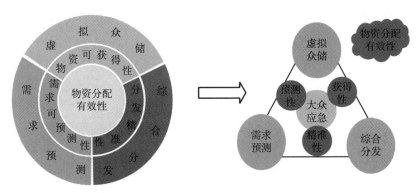

图 3-3 三角结构

（1）需求预测

需求预测是实现快速精准救援的根本前提，是一切应急事件救援、处置、处理的基础。只有第一时间及时、准确确定灾区的需求，明确灾区救援"需要何物"，才能真正缩短需求"黑箱"到"白箱"的时间，解决灾区需求"黑箱"的问题，实现需求可预测性，为众储点的选择和综合物资分发提供数据支撑。

（2）虚拟众储

虚拟众储主要是解决"有物快取"的问题，结合计算机、通信网络、大数据[146]、云计算等先进技术，充分利用社会众储的应急物资，通过多元化和社会化存储方式，综合信息平台，形成快速响应模式。平时状态下，实现众储应急物资的属地管理、统一管理、统一调度；紧急状态下，根据灾区需求预测，在虚拟平台快速搜索能够满足救援需求的虚拟众储点，解决灾区"有物快取"问题，保证应急物资的可获得性，真正实现灾害发生后应急物资的快速获得，为快速救援争取时间。

（3）综合分发

灾害发生的不确定性、救援的复杂性，需要综合考虑道路状况、应急物资的存储情况、出库能力情况、运输工具的调度情况、灾区需求预测情况、灾区道路流量限制、灾区满足的时间限制等因素，构建虚拟众储应急物资综合分发模型，生成应急物资优化分发方案，解决分发盲目性问题，保证应急物资分发方案的精准性，真正做到精准救援。

3.3　三角结构关系及运作机理

3.3.1　三角结构关系

需求预测解决灾区"需求黑箱"的问题，明确灾区"需要何物"。需求预测为选择满足灾区需求的虚拟众储点提供依据，为综合分发提供灾区需求的准确信息。虚拟众储解决"救援无物"的问题，通过信息平台建立的快速响应模式，实现"有物快取"。虚拟众储为快速满足灾区需求预测争取时间，为综合分发的实现提供了保障。综合分发解决了"分发盲目"的问题，综合考虑多个影响因素，实现了"物尽准分"。综合分发需要通过需求预测明确灾区需求，虚拟众储通过信息平台快速选择供应点，明确能够供应救援物资的种类和数量，再综合考虑相关因素，生成优化的物资分发方案，真正做到快速精准救援。

需求预测、虚拟众储和综合分发三个关键因素存在三角的关系，三个要素是相辅相成、相互制约的整体，缺少任何一个要素，或者任何一个要素没有达到自己的目标，其他两个要素都会受到制约，都不能实现属地快速精准救援的目标。即使需求预测获得了灾区需求，综合分发能够保障物资的送达，在虚拟众储缺失的情况下，也无法实现属地应急快速救援的目标。

这三个关键因素之间是动态的关系，这种关系根据灾害种类的不同、发生地点的不同、灾害程度的不同而发生变化，使三个因素之间的关系和目标并不是完全一样的，而是动态变化的。三个因素之间的关系要以动态的思想来进行管理。

这三个关键因素之间是最优的权衡关系。整体的最差或最优不取决于哪个因素达到最低或者最高的状态，只有当所有因素在属地应急中充分发挥自己特有的核心功能，才能达到整体最优。其中一个因素的变化，必然会影响其他两个因素的变化，为了达到属地应急的快速精准救援的目标，需使三个关键因素处于一种权衡状态。

3.3.2 三角系统运作过程

需求预测、虚拟众储和综合分发三个关键因素构成的三角系统运作过程（如图 3 - 4 所示）。

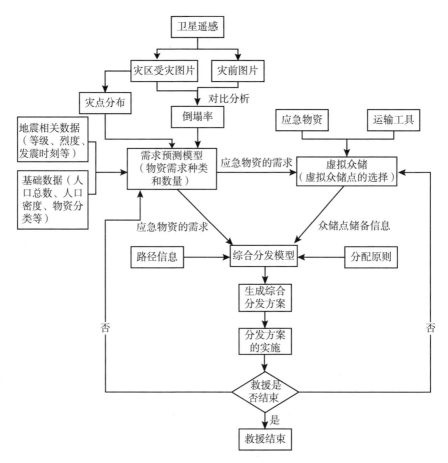

图 3 - 4 三角系统运作过程

1. 需求预测

灾害发生后，由于灾区通信瘫痪和交通中断，很难在第一时间将受灾地区对应急物资的需求直接提供给应急协调指挥中心。通过建立天空地一体化信息监测系统，利用卫星、遥感、无人机、单兵等设备采集灾情信息，并结合灾前整合的基础数据，充分考虑灾后应急物资需求的影响因素，通过建立的应急物资需求预测模型进行需求预测，为后续众储物资的分发提供参考依据，从而展开快速精准救援。输入预测模型的信息包括基础数据、灾后信息收集、倒塌率、灾点分布等。

（1）基础数据

灾前需要将各地的人口总数、人口密度、实际面积、灾前准备、灾后应急能力等基础数据进行整合，为灾后应急物资需求预测提供基础数据，为快速救援奠定基础。灾前需要根据以往的救灾经验，将救灾所需的应急物资进行明确的分类。

（2）灾后信息收集

应急物资的需求预测需要全面、准确、及时地获取灾情信息才能做出。本书综合学者的研究，将灾情信息的搜集归为以下三个方面：

①灾害源

灾害源也称作致灾因子，一般是指对人类造成生命和财产损失的灾害事件。自然灾害源一般是指地震、海啸、洪水、霜冻等对人类造成生命和财产损失的自然灾害事件。在减灾救灾中识别灾害源是第一步，确定灾害源的种类和破坏程度是非常关键的，地震的震级越高，烈度越大，造成的灾害和损失就越严重。通过改变灾害源来救灾减灾是很困难的，所以需要通过识别灾害源来进行救灾减灾。

②灾害承灾体

灾害承灾体是灾害作用的对象，脆弱性是它的最大特征，灾害承灾体越脆弱，灾害造成的损失越大，灾害承灾体一般就是指社会本身，它可以有多种不同的具体形式。地震中房屋作为承灾体，房屋的抗震能力越强，它的脆弱性越弱，造成的人员伤亡和财产损失越小；地震中的人群也是承灾体，受灾区域内人口密度越大，灾害承灾体越脆弱。可以通过采取措施降低灾害承灾体的脆弱性，达到加强承灾体抗灾能力的要求。

③防灾救灾措施

防灾救灾措施是人类为应对自然灾害所采取的政策、方法、准备和行动等的总称，大致分为防灾和救灾两个方面，灾前应急物资储备、应急预案制定和应急演练都是非常重要的，灾前准备越充分，应急才能越及时，人口伤亡和财产损失才会越小。灾后应急反应能力也是救援的关键因素之一，很多学者研究指出灾后伤亡人数随着时间的增加而增加，特别是在灾后黄金救援时间内伤亡人数增加的速度最快，因此灾后黄金救援时间内快速精准救援成为救灾的关键时期。一般来说，防灾救灾措施越充分，灾害造成人员伤亡和财产损失越少；反之，会越大。

（3）倒塌率

灾前通过卫星和遥感获得当地图片影像，灾后根据灾区实际情况，选择无人机、遥感、卫星等多种方式，获得灾区受灾图片，通过人工智能对比分析灾前和灾后影像资料，确定房屋倒塌率，进一步确定灾区人口的伤亡情况。

（4）灾点分布

灾后通过无人机、遥感、卫星等多元化的监测手段，获得灾区影响资料，通过人工智能分析，确定灾点位置，为快速展开救灾救援提供支持。

2. 虚拟众储

（1）获取灾后众储信息

自然灾害发生后，在后方救援物资无法到达的情况下，需要利用平时建立的虚拟众储平台，在第一时间搜集获取灾区及灾区周边众储点的情况。包括应急物资众储点是否完好，能否正常出库，出库能力，集中众储点能汇集的应急物资和运输工具的种类、数量等存储信息，并将这些信息在应急指挥平台进行统计汇总，确定应急物资供应的情况。这样可以为众储物资的合理优化分发提供可靠的依据，提高应急物资分发方案的可行性，并保证众储物资能准确及时地送达灾区，真正实现灾区应急物资快速救援的目标。

（2）选择众储点

根据灾前建立的虚拟众储信息平台，并结合灾后收集到相关众储点的存储信息，利用虚拟众储信息平台进行统计分析，依据灾区需求，确定灾后灾区及灾区周边的众储物资布局情况，有多少个众储点可以供应物资，这些众储点可以供应物资的种类，每种应急物资的具体数量，以及最快可以供应这些物资的时间等。将不能满足要求的众储点进行标记或者去除。我国要求在灾害发生后 12 小时内灾民得到初步救助，如果众储点应急物资供应的时间超过 12 个小时就可以暂时不作为选择点，而作为后续应急救援的选择点；也可以通过以往的救援数据确定应急物资的送达时间，未满足这个时间要求的也不作为物资分发的选择点。按照设定的条件和灾后获得的众储点信息，对众储点进行选择，将选择后的应急物资众储点作为应急物资供应点。

3. 综合考虑进行物资分发

（1）分发原则

①以人为本原则

科学发展观的核心是以人为本，《国家突发公共事件总体应急预案》中也指出：以人为本，减少危害。在应急物资分发中要将对人的救援放在第一位，最大限度地减少人员伤亡。应急分发的物资是社会大众存储的物资，这些物资的存储、调度、投送也是以人民大众为主。因此，应急物资的分发需要坚持以人为本的原则，这也是众储物资分发的第一原则。

②属地原则

自然灾害发生初期，由于交通道路的中断，外部救援物资无法及时送达灾区，需要利用灾前建立的属地众储物资进行灾区救援。灾前将每个地区众储物资的存储数据都上传到众储物资信息平台，但每个地区储备应急物资的种类和数量都不相同，灾后可以利用的应急物资种类和数量也不尽相同，有些地区出现应急物资匮乏，有些地区出现应急物资的过剩。需要将这些属于不同地区的应急物资，利用信息平台进行统一管理，统一调度，在满足本区需求的前提下，同时满足其他灾区的需求。这就是应急物资分发的属地管理原则[147]。

③目标原则

应急物资分发在不同的阶段有着不同的目标，集中众储点应急物资的分发以时间最短为目标；分散众储点应急物资的分发以公平和损失最小为目标；后方大量物资到达后，分发就要以公平、时间最短和成本最低为目标；灾后重建期以公平和成本最低为目标。在进行应急物资分发时，要在遵循分发目标原则的前提下，综合考虑各种因素，制定应急分发方案，这样才能达到最优的应急救援效果。

（2）灾区路况信息

灾区道路状况决定了应急救援运输工具的选择和运输的时间，如在路网完全瘫痪的条件下，救援的运输工具就不能选择地面运输工具，只能选择直升机、运输机和无人机；在次生灾害严重的区域也不能选择地面运输工具；有些地区救援十分紧急，在道路状况不允许的情况下，可以选择运输机和无人机；有些气象条件不适合的地区，只能选择单兵进行救援。这些路况信息可以通过卫星、遥感、GIS 和 GPS 等信息采集方式获得，经过分析得到道路的损毁情况，为应急物资的分发提供决策依据。2010 年青海省玉树发生 7.1 级地震后，中国地震局利用应急遥感技术获得的 QuickBird 卫星影像资料，对城区周边道路的破坏情况进行评估，得到 214 国道、308 省道等部分路段和桥梁的损毁情况，为应急物资的分发提供道路选择参考信息。

4. 分发方案的制定

依据众储物资分发的原则，结合应急大数据和灾情预测的应急物资需求信息、众储点选择信息、灾区道路评估信息等，按照国家应急的基本要求，构建属地应急虚拟众储物资综合分发模型，并选择合适的模型算法，做出切合实际的应急物资分发方案。模型和算法在第 6 章具体进行描述。

5. 分发方案的实施

众储物资分发方案确定后，就进入了应急实施阶段。这个阶段需要多方协调，相互配合。为保证众储物资的出库效率，需要充分利用仓库人员、志愿者和出库设备；在众储物资出库时，需要投送车辆按照规定的时间到达指定地点；应急物资的运输需要气象、交通、部队等各部门的相互协调，以灾区应急协调指挥中心为核心，保证应急物资按照要求顺利送达灾区。随着救援的展开，这些信息（灾区道路信息、虚拟众储点信息、灾区最新灾情信息、灾区需求已经满足和未满足的信息、投送运输工具的相关信息等）的获取需要各个部门相互配合，为后续救援提供决策支持。

经过一次完整的应急分发过程后，根据救灾反馈的最新信息，进入下一阶段应急物资的分发，如此循环，直到应急救援结束。

3.3.3 三角有效性运行策略

基于三角结构分析，可知众储物资分配有效性三角结构中的三个角是相辅相成、相互制约的整体，缺少任何一个要素都无法实现快速精准救援。为保证三角结构的正常运作，本节主要分析保障众储物资分配三角有效性运行的四种策略：平急结合、属地救援、社会参与和综合优化。

1. 平急结合

目前救援物资存在储备种类单一，储备数量不足，储备分布不均衡等问题；有些应急救灾物资在储备库长期积压，周转速度慢，占用大量资金等问题；甚至有些应急物资由于长期储存出现过期报废，腐蚀变质等问题，造成大量应急物资的浪费。本书指出平时将应急物资作为日常需求类物资，正常进行社会流通，满足人们的日常生活需求。如为应急储备的矿泉水和方便面都有严格的保质期，让这些商品正常的流通，保障安全的储备数量；面包类应急物资的存储期一般不超过 2 天，这种保质期短的商品，只能通过平时的正常流通，才能保证合理储备为应急时提供应急供应。应急时将平时存储的物资按照要求全部转化为应急救灾物资，按照救灾物资的运作流程，第一时间满足救灾的需求。平时作为日常流通的帐篷，在应急时仓储、生产和流通等企业按照平时规定和演练的标准流程，全部转化为应急物资的供应。这种应急储备既能有效地解决储备不足等问题，又能提高周转率，降低存储成本。为此本书提出平急结合的思想；应急救援应当按照平时正常储备和流通，应急时满足应急要求（如图3-5所示）。

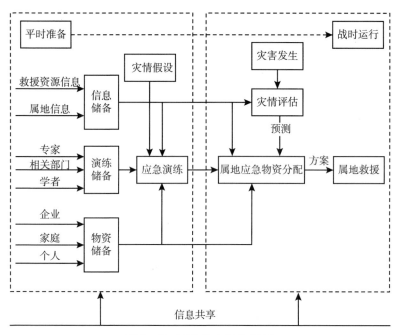

图3-5　平急结合运作管理

（1）平时储备

没有灾害发生时，按照灾害预测完善应急物资储备，是实现应急工作正常进行的前提条件。本书从物资储备、信息存储和模拟演练三个方面做好平时的应急存储工作。

①平时应急物资储备。目前我国应急储备还是以国家存储为主，虽

然已经建立了一定数量的中央应急存储库，但应急储备在数量和种类上还存在明显的不足，要通过完善社会应急储备，将这种社会化的应急储备作为国家应急储备的有效补充。与具有储备能力的电商企业、仓储企业、物流园区、物流基地等签订应急供应合同，让这些企业根据国家应急的需求，在企业正常运转的前提下，保证一定数量的应急储备。这些储备平时作为企业正常流通的产品，应急时以最快的速度转为应急物资，进行应急救援。与具有生产能力的企业签订应急合同，这些企业平时进行正常的生产，一旦灾害发生，就按照应急协议的要求将生产转化为应急生产，为应急物资的后续供应提供保障。家庭和个人作为承灾体和第一救援者，按照应急需求和国家应急文件的要求，做好灾前应急储备，以便灾害发生后，后方应急救援物资到达之前，展开自救和互救，在第一时间最大限度地实施救援，减少人员伤亡。

②平时应急信息储备。灾后通信瘫痪、道路中断，灾区信息处于"黑箱"状态，平时的信息存储可以保障灾后第一时间的应急需求。按照属地管理的原则，首先做好包括应急人员信息、车辆信息、物资信息、资金信息等平时信息储备，将灾害发生后可以调动的救灾人员的位置、人数、职业等信息提前储备，将用于救灾车辆的型号、载重量、最大装载体积、所处的位置及司机等信息提前存储，将应急物资储备点的位置、可供应的应急物资的种类和数量、出库能力、汇集物资的能力等信息提前存储，将社会捐赠和国家拨付的救灾资金提前做好信息管理。其次做好属地信息的提前储备，包括属地可能发生的灾害种类和等级、属地的人口数量、属地面积、建筑物抗灾等级、社会抗震救灾能力、灾前准备、灾后预报等基础信息。最后做好应急救灾大数据的信息存储，为救灾提供经验数据，确保救灾的准确性和及时性。

③平时演练储备。平时做好应急物资和信息储备，制定应急预案，应急时保障信息畅通，按照预定的救援预案进行，这需要在平时进行应急演练准备。通过对属地灾害发生后的场景实战模拟，灾后能够快速根据灾前储备的信息，结合灾后获得的应急信息，快速获得灾区需求，按

照灾区灾民的应急需求，分发和调度灾前储备在灾区及灾区周边的应急物资、人员、车辆、设备等应急资源，开展应急救援工作。聘请应急人员和应急专家对应急的完整性、可操作性、严密性、逻辑性及应急效果进行评价，对相关救援人员进行培训，不断完善应急预案，形成符合救灾实际，并能够顺利实施救援方案。

（2）应急运行

灾害发生后，将灾前物资储备、模拟演练和信息存储等平时的运行状态全部终止，按照应急预案立即转换为应急运行状态。生产企业按照签订的应急合同，将现有的生产能力全部转化为供应应急产品的生产，以满足救援需要；所有应急运输人员和运输车辆终止平时状态，全部按照应急的要求转为应急状态，随时待命。具体运行的流程是：根据获得的灾情信息，并结合灾前属地的储备信息，做出人员伤亡和应急物资需求的预测；依据预测信息，搜集应急物资储备的情况，综合考虑应急人员、应急车辆、灾区道路状况等信息，完成集中众储点属地应急物资的分发，实现第一时间属地快速救援；根据集中众储点属地应急众储物资分发救援的反馈信息获得最新的灾区信息及分散众储点汇集的属地应急物资信息，进行属地应急众储物资的再次分发，快速满足灾区的需求。这样循环往复，直至救援结束。

2. 属地救援

《中华人民共和国突发事件应对法》等国家相关文件明确规定，我国要建立属地为主的应急管理体制。自然灾害的突发性、紧迫性，要求救援必须与时间赛跑，属地救援比较熟悉灾害地情况，能够第一时间获得灾情信息，是应急救援的首选。

平时要不断完善属地应急众储物资储备，将属地范围内能够利用不同存储主体的应急物资，利用信息平台实现统一管理。平时按照属地进行统一监督、检查和管理，不断优化完善属地应急物资储备，为灾后应急救援提供保证。

灾前建立属地基本信息，包括属地卫星影像、人口基本信息、建筑物情况信息等，建立属地救援预案、模拟演练、快速反应等机制。灾后以属地为基础，及时获得卫星影像，通过与灾前图像对比分析，获得灾后属地倒塌率，综合人口密度、发震时刻、救援能力等基本数据，对灾区救援需求进行预测，为应急救援提供依据。

根据灾后属地需求预测信息，通过属地虚拟众储信息平台，搜索能够满足灾区需求的虚拟众储点，快速获得众储点存储信息，综合考虑灾区需求、存储点的供应、道路状况、车辆状况、救援最低保障率等因素，形成切实可行的物资分发方案，实现属地快速精准救援。

3. 社会参与

大众应急就是社会化应急，需要充分利用社会物资，充分调动社会的应急积极性，提前做好各种应急准备工作，实现将灾前社会应急潜力转化为灾后应急能力，为灾后属地快速精准应急救援提供保障。

灾前形成良好的社会动员机制[148]。将企业、非政府组织、公众等组织动员起来提前预防和应对自然灾害。公众是灾害的直接受害者，需要主动参与，强化自我救助和互相救助的思想。各类企业做好"企业公民"，重视社会道德和社会利益，承担更多企业社会责任。非营利性和志愿性非政府组织与社会大众充分融合，强化应急能力，发挥应急优势。

灾前做好社会参与准备。灾前建立包括企业、电商、家庭、非政府组织、志愿者、个人等不同社会储备主体构成的虚拟众储平台，将社会应急物资、应急车辆、应急人员等统一管理。按照应急储备要求，与不同储备主体之间建立储备协议，各储备主体按照协议要求进行灾前应急储备，这些储备不但包含物资、车辆等实物储备，还包括人力储备、流通储备、生产能力储备等。灾前不断增强社会化应急意识，加强模拟演练。社会大众应急意识的增强，能够减少灾后恐慌、紧张、担心的情绪，有利于采取适当措施展开自我救助和互相救助。社会大众灾前模拟演练，为灾后快速展开应急救援和减少人员伤亡提供保障。例如，2008年汶川地震中，四川绵阳安县桑枣中学校长叶志平强化平时的应急安全意识，不断加固教学楼，定期组织模拟演练，使得 2 300 余名师生，在

1分36秒内全部撤离[149]。

要建立良好的社会化应急信息管理平台，通过网络化、信息化和电子化方式，突破"数据孤岛"和"信息孤岛"的问题，实现信息资源互联互通和实时共享。信息的传递与交流是至关重要的，将灾前物资的储备信息通过信息管理平台进行动态管理，灾害发生后能够保证社会应急网络正常运行，促进多应急主体之间的协调，充分发挥社会不同应急主体各自的优势，提高应对突发灾害的服务水平。

4. 综合优化

灾害的突发性和复杂性，要求应急救援具有综合性，主要体现在以下两个方面：

①综合考虑灾区的供应和需求，进行应急物资的分发。灾区不断完善灾区应急需求的虚拟众储信息平台，灾后综合考虑人口、房屋等因素预测灾区的应急需求，依据灾区需求选择社会化应急物资众储点，以此确定供应点和需求点。

②确定供应点和需求点后，综合考虑众储点的出库能力、运输工具种类、运输能力、道路状况、道路通行能力、应急物资分配顺序、灾区满足率等多个因素，综合系统分析、线性规划、路径优化、应急管理、属地应急、物资分配、车辆调度等多学科理论，构建虚拟众储物资综合分发模型，实现应急物资的精准分发和快速送达。

3.4 本 章 小 结

本章研究了大众应急、众储物资、众储物资分配的概念和特点。通过分析影响众储物资分配的需求黑箱、物资稀缺、分发盲目三个主要因素，提出需求可预测性、物资可获得性、分发精准性的有效性分析框架，构建了众储物资分配三角结构框架，阐述了三角结构的关系和运作过程，并详细阐述了三角有效性运行策略。

4

应急物资需求预测

根据第 3 章提出的属地应急众储物资分配三角结构可知，应急物资需求预测是实现属地应急物资分配有效性的前提，是实现快速精准救援的关键环节之一。只有确定灾区对应急物资的需求，才能根据灾区的需求，在第一时间进行精准的物资分配，做到精准救援。因此，本章主要研究造成人员伤亡的主要影响因素和预测模型的选择，并通过分析应急物资需求的影响因素，建立有效的应急物资需求预测模型。

4.1 应急物资需求预测思路

自然灾害突发后，灾区道路通信等设施瘫痪，灾区受到严重损毁，灾区与外界无法取得联系，无法上报物资需求[150]。由于灾情信息很难在第一时间获得，只能根据以往的救援案例进行类比分析，直接获得灾区物资需求难度很大。在以往的救援案例中很少有应急物资需求的相关信息，多数只有灾害造成的人口伤亡情况统计。综合学者的研究可以得出，人口伤亡数量与灾后救援物资的需求直接相关，通过计算伤亡人口数量，再依据人口伤亡数量间接进行应急物资需求预测（如图 4−1 所示）。因此本书采用先预测伤亡人口数量，再依据伤亡人口数量间接预测应急物资需求量。

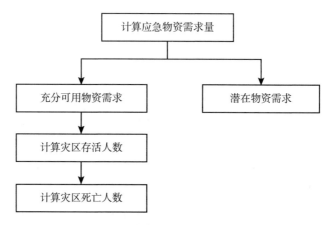

图 4 - 1　应急物资需求预测思路

本书综合学者研究、专家建议和救援案例的分析，将对人口伤亡数量影响没有变化或者是变化不明显的因素直接剔除，充分考虑对人口伤亡数量有显著影响的因素，并将影响人口伤亡数量的主要因素进行归类，有利于降低预测的复杂度，减少预测时间，提高预测精度。

现有的预测模型很多，包括线性和非线性回归分析、神经网络、时间序列预测、案例推理、灰色分析、智能分析等很多较成熟的方法，只需要对现有的预测方法进行对比，选择能够和实际相符合的预测方法，并对该方法通过实际的检验进行简单修正，确定人口伤亡预测模型，结合当地的基础数据、遥感卫星分析的数据及灾情等信息，对灾区的人口伤亡数量实现精准的预测。

应急救援物资的需求与灾民数量和伤亡比例高度相关，比如医药物资需求量就和受伤人数成正比关系，生活救灾物资与灾区的人数直接相关。因此，通过对灾区人口伤亡数量和人口基础数据分析就可以确定应急物资需求。

结合以上分析，对应急物资需求预测过程进行系统分析后，从而得到本章的研究步骤（如图4-2所示）。

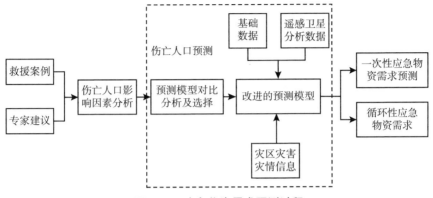

图4-2 应急物资需求预测过程

从图4-2可以看出，应急物资需求预测主要包括两个阶段：第一阶段是灾区伤亡人口数量预测，包括伤亡人口影响因素分析和预测模型选择；第二阶段是根据人口伤亡和当地人口基础数据进行应急物资需求预测。本书研究根据应急物资需求预测的两阶段，确定伤亡人口预测模型和构建应急物资需求模型，并选择自然灾害中常见的地震为例进行分析。

4.2 伤亡人口预测

通过以上分析可知，直接预测应急物资需求有难度，可以通过预测灾区伤亡人数，再间接进行应急物资需求预测，即应急物资需求预测的前提是确定伤亡人口的数量。为此本节通过分析影响伤亡人口的因素，并对现有学者选用的预测方法和模型进行对比分析，选择适合灾后人口伤亡预测特点的优化预测模型。

4.2.1 伤亡人口影响因素

通过分析以往灾害案例和有关伤亡人口影响因素的相关文献，结合救援专家和预测专家的建议，并到灾区进行实地调研。经过综合分析和汇总，总结出自然灾害造成伤亡人口的影响因素包括灾害源、灾害承灾体和防减措施三个方面。

1. 灾害源

灾害源也叫致灾因子[151]，是在人类生存的自然环境中，由于自然现象变异对人类生命和财产造成灾害的事件，如地震、洪水、霜冻、泥石流等。它主要是反映灾害本身的风险，包含的指标有灾害的种类、等级、强度和发灾时刻。

（1）灾害种类

我国自然灾害的种类很多，包括气象灾害、地质灾害、地震灾害、海洋灾害等，不同的灾害所需应急物资的种类也不同，发生水灾时需要橡皮艇和沙袋，发生泥石流和滑坡时需要挖掘机，发生雪灾、霜冻时需要棉衣和棉被。灾害发生种类的不同对应急物资的需求种类影响大，对应急物资的需求量影响较小，由于本书主要考虑自然灾害中的地震，因此灾害种类在本书不作为重点考虑因素。

（2）灾害强度

自然灾害发生的强度越高，造成的损失越大。对于地震来说，地震强度大小用震级来表示，震级表示震源发出时地震波的大小，不同位置测得的数值是不同的，震级没有一个量纲的数值，而是根据地震波的测定，在一定范围内表示地震的相对强度。一般来说，震级越高，释放的能量越大，造成的损失和伤亡也越大。目前，我国采用国际上通用的国际震级标准，即里氏震级（如表4-1所示），这种表示方法，数值上看震级相差很小，但地震释放的能量相差很大，震级每相差1.0级，能量相差大约30倍。

（3）发灾时刻

发灾时刻是指灾害发生在一天24小时的某个具体时间点，这里主要区分自然灾害发生在白天和黑夜对人员伤亡的影响。一般来说，自然灾害发生在黑夜造成的伤亡和损失远高于白天，主要是因为夜间人们休息，发生地震或者洪水等灾害时，人们逃离机会较小。2016年7月19日，河北省邢台东川口水库流域降特大暴雨，造成七里河漫过河堤决口，虽然大贤村村支书通过大喇叭喊话通知，但由于发生在凌晨1点50分，人们都处于熟睡的状态来不及快速转移，最终造成25人死亡或失踪，76.2万人受灾，直接经济损失64 917万元[①]。1976年唐山大地震发生在7月28日3时42分53.8秒，人们也处于熟睡状态，根本没有时间撤离，造成大量人口伤亡，位列20世纪世界地震史死亡人数第二，仅次于海原地震[②]。

表4-1　　　　　　　　震级标准划分

里氏规模（单位：级）	等级	地震影响	实例
$M < 1$	超微震	没有破坏	
$1 \leqslant M < 3$	弱震或微震	一般没有破坏	2017年3月8日河北唐山市滦县2.2级地震
$3 \leqslant M < 4.5$	有感地震	一般不会造成破坏	2017年2月13日浙江金华市磐安县3.2级地震
$4.5 \leqslant M < 6$	中强震	可造成破坏的地震	9·7彝良地震
$6 \leqslant M < 7$	强震	造成破坏	8·3鲁甸地震 2·6高雄地震
$7 \leqslant M < 8$	大地震	造成较大破坏	4·14玉树地震 4·20雅安地震
$M \geqslant 8$	巨大地震	造成巨大破坏	5·12汶川地震 3·11日本地震

资料来源：中研网：地震等级的整理。

---

① 资料来源：新浪新闻。
② 资料来源：中国地震台网：唐山大地震。

2. 灾害承灾体

灾害承灾体是灾害作用的对象，一般就是指人类社会本身，它可以有多种不同的具体形式，本书探讨的灾害承灾体包括灾区区域、受灾区域人口密度和抵御灾害能力三个方面：

（1）灾区区域

一般来说，伤亡人口数量与受灾区域的大小成正相关，受灾区域越大，受灾人口越多，伤亡人口也越多。12·16 海原地震最为严重的区域涉及宁夏南部的海原、固原，甘肃中北部的静宁、会宁、靖远、通渭、渭源，以及陕西西部，造成 28.82 万人死亡，约 30 万人受伤的"环球大震"。5·12 汶川地震极重灾区涉及 10 个县（市），重灾区 41 个县（市、区），其中四川省 29 个、甘肃省 8 个、陕西省 4 个，一般灾区涉及 186 个县（市、区），约 50 万平方公里的中国大地，地震造成 69 227 人遇难，374 643 人受伤，17 923 人失踪[1]。

（2）受灾区域人口密度

人口密度是指单位面积上居住的人口总数，通常以每平方千米或每公顷内的常住人口为计算单位。一般来说，灾害发生时，人口密度大的灾区，伤亡人口会比较多。城市人口密度比农村要大得多，城市的伤亡人口远高于农村。唐山大地震伤亡人口巨大的主要原因之一是地震发生在拥有百万人口的工业重镇唐山。近些年新疆地区地震频发，2016 年12 月 8 日 13 时，在新疆昌吉州呼图壁县发生 6.2 级地震，震源深度 6千米，很多地区有明显的震感，但由于该地区人口密度小，地震仅造成2 人轻伤。11 月 25 日 22 时 24 分，新疆阿克陶县发生 6.7 级地震，由于地震发生地位于高海拔地区，人烟稀少，仅导致 1 人死亡[2]。

（3）抵御灾害能力

有关研究表明，灾区抵御自然灾害的能力与人口伤亡数量成反比例

---

① 资料来源：中央新闻联播：汶川地震。
② 资料来源：中国地震台网中心。

关系，一般来说，灾区抵御自然灾害的能力越强，人员伤亡数量越少。如果建筑物的抗震强度越大，地震发生时伤亡人数会大大减少。智利至少发生过 11 次 8 级以上的地震和海啸，但每次的伤亡人数都很少，主要是由于建筑物有较强的设计要求。法律明确规定：所有建筑必须按照抗震 9 级设计，建筑物的设计由专业的设计团队完成，建造过程中实施全程的监管，最后建立了一套强有力的事后监督制度，使智利建筑物抵御地震的能力大大加强。1985 年瓦尔帕莱索的地震与 1976 的唐山地震一样都是 7.8 级，都发生在人口较多的城市，仅造成 150 人死亡。同样新疆阿克陶 6.7 级地震仅造成 1 人死亡，主要原因是当地实施了富民安居工程，民众居所抗震能力大大提高。

3. 防减措施（防灾减灾救灾措施）

防灾减灾救灾措施是人类为应对自然灾害所采取的政策、方法、准备和行动等的总称，包括灾前准备、灾前预报和灾后应急能力三个方面：

（1）灾前准备

灾前不断完善应急物资储备，是保障灾后在第一时间满足灾区应急物资需求的前提；灾前灾害监测和预测体系的构建，是早期做好灾害预测、预报，灾后及时准确获得灾区灾情信息的保障；灾前应急处置预案的制定、应急队伍的组建和模拟演练，是实现灾害发生后第一时间针对灾区展开救援的关键。因此，灾前应急物资、应急预案、应急队伍、模拟演练等准备越充分，灾后应急反应能力和灾区需求满足率会越高，人员伤亡越少。

（2）灾前预报

灾前预报水平的高低也会影响人员伤亡数，相比较而言，灾前预报准确度越高，预报时间越提前，伤亡人数就会越少。1976 年的唐山大地震造成 242 769 人死亡，16 4851 万人重伤，主要原因之一是当时的灾害预报水平低，没有准确预报，人们完全处于没有准备的状态。河北省邢台市"7·19"洪涝灾害造成大量人员伤亡，建筑物受损，也是由于通知大家时洪水已经开始漫坝进村，提前预报的时间太短，人们根本没有时间转移。日本政府一直在研究地震预警技术，能给人们留出 30 秒到 1 分钟的黄金逃生时间。3·11 地震在 1 分钟之前就向市民发出了预警，为灾民逃生争取了黄金时间，减少了人员伤亡[152]。

灾前预报水平与灾害的监测和预测能力相关，及时监测环境信息的各种变化和预兆，并运用准确的灾害预测模型进行分析，就可以在灾害发生前提前预报，让人们有充分的时间做好应灾准备，人口伤亡数量就可以大大减少。

（3）灾后应急能力

灾害发生后，国家、政府和社会应急反应能力直接决定救援效果。应急反应能力越强，救援效果越好，人口死亡数也就越少。地震灾害发生后，除了少部分人被建筑物砸中死亡外，大部分人员并没有死亡，而是被埋在建筑物中等待救援。有些学者专门研究了死亡人数随救援时间变化的关系（如图 4 - 3 所示）。

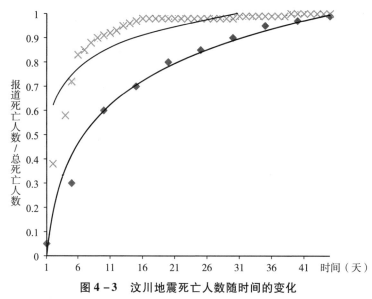

图 4 - 3　汶川地震死亡人数随时间的变化

资料来源：徐超，刘爱文，温增平．汶川地震都江堰市人员伤亡研究［J］．地震工程与工程振动，2012，2（1）．

灾害刚发生后的时间内，死亡人数增长速度很快，随着时间推移，死亡人数的增长速度逐渐减慢，最终达到饱和状态，死亡人数变化最大的时间段大致为震后 10～75 小时。因此，把 72 小时界定为地震发生后的黄金救援时间，在这个黄金救援时间之内展开救援死亡人数会大大减少；超过这个黄金时间救灾效率大大降低，救灾效果就越差，死亡人数也会随之增大。洪水发生后，群众只是被洪水围困，暂时没有生命危险，大家可以暂时处于高位等待救援，如果超过洪水救援的最佳时间，就会造成大量灾民被洪水淹死，死亡人数会急剧增加。

4.2.2　伤亡人口预测模型选择

伤亡人口预测模型的选择，按照先对比常用预测方法，选出相对合理的预测方法，再通过对比和分析该预测方法下现有学者构建的模型，选出较为实用的预测模型，结合伤亡人口影响因素对模型进行改进。

（1）伤亡人口预测方法对比

目前常用的人口伤亡预测方法包括：时间序列平滑预测、线性回归、非线性回归、神经网络、案例推理预测、灰色系统模型预测、智能分析预测等，第 2.3 对这些常用的预测方法进行了综述，这里只分析各种预测方法的利弊及使用条件（如表 4 - 2 所示）。

灾后展开快速救援，需要在短时间内获得灾区的需求，才能实现快速精准救援。通过表 4 - 2 的对比分析，可以得到回归分析预测、案例推理预测、灰色系统模型预测、智能分析预测和外推法预测的速度较快，能满足救援时间的要求。进一步分析，由于灰色系统模型预测需要对已知和未知信息进行关联，灾后灾区需求处于"黑箱"状态，无法获得灾区已知需求信息，用该方法进行预测还不够精准。案例推理预测和外推法需要对过去发生灾害相似的救援案例做比较，由于不同地区发生地震灾害的等级、人口密度、地质结构等差异较大，难以找到相似案例，即使相同地区不同时间发生的案例也不一定相似，因此该方法不能满足预测要求。智能分析预测能够利用计算机对比分析灾前灾后的影像资料，获得实时数据，但在进行物资需求预测时精度不高。回归分析预测计算简单、速度快，但不能获得灾区灾害的实时数据，如果能够采用灾区灾害的实时数据，将是一个比较完善的预测方法。

因此本书采用回归分析和智能分析相结合的方法，利用天空地一体化信息监测系统获得灾区灾后实时影像，对灾前灾后影像进行对比，将获得的数据输入到回归分析预测模型进行预测。综合了回归分析具有简单性、快速性和智能分析实时性等特点，可以很快得到获得灾区需求，满足灾后快速救援，先期处置的要求。

回归分析包括线性回归分析和非线性回归分析两种，根据4.2.1中关于伤亡人口影响因素的相关分析可以得知，有些相关因素与人口伤亡数不完全是线性相关的。比如震发生的时间与人口伤亡数的关系并不完全是线性相关的。在夜间发生地震时，人口伤亡数可能较大；在白天发生地震时，人口伤亡数可能较小。唐山地震发生在夜间，造成了大量人口伤亡。因此选择非线性回归分析。

（2）非线性回归分析的选择

结合4.2.1关于伤亡人口影响因素分析，由于地震发生后多数灾民是被建筑物砸中而死亡，建筑物没有倒塌时人员死亡很少。1985年瓦尔帕莱索的地震与1976的唐山地震一样都是7.8级，都发生在人口较多的城市，由于智利建筑物抵御地震的能力强，没有发生倒塌，仅造成150人死亡。可以看出人口伤亡的因素考虑最多的是房屋的毁坏或者倒塌。地震发生在黑夜造成的伤亡和损失远高于白天，主要是因为夜间人们休息，发生地震灾害时，人们逃离机会较小。1976年唐山大地震发生在深夜，人们处于熟睡状态，根本没有时间逃跑，造成大量人口伤亡，发震时刻也是影响人口伤亡的主要因素。震级较小的地震，一般不会造成人员的伤亡，地震发生震级越高，强度越高，造成的损失越大，地震等级可以用烈度来表示，烈度也是影响人口伤亡的主要因素。地震发生

表4－2　　预测方法对比

对比	时间序列平滑预测	回归分析预测	神经网络	案例推理预测	灰色系统模型预测	智能分析预测	外推法
特点	根据过去相关的历史数据，只考虑自变量随时间变化的规律，预测未来一段时间内的情况	通过历史数据，建立自变量与因变量之间的因果关系和伴随关系，通过分析相关因素的变化预测预知的情况	通过分析确定影响人口伤亡因素的主要因素，并将这些因素作为输入神经元，伤亡人数作为输出神经元，经过网络训练和模拟仿真，构建人口伤亡预测模型，对人口伤亡预测展开动态预测	根据类比原理可知，通过对过去灾害进行分析总结，建立案例数据库，当新的灾害发生后，通过与案例数据库的对比，找到最相似的案例从而对应急救援需求进行预测	根据惯性原理，通过对已知和未知信息的关联分析，原始数据进行处理，通过寻找规律生成有较强规律的数据序列，在通过微分方程模型预测未来发展的趋势	通过计算机对灾前和灾后图像的智能对比分析，较快地得到灾区的灾情信息，依据灾情信息进行应急物资需求预测	把时间序列作为随机变量，利用过去数据找到现在的函数曲线，预测或推断未来的情况。这是类比推理的一种特殊应用
时间范围	短期	短期、中期	短期、中期	短期	短期、中期	实时	中期、长期
主要的相关因素	时间	通过相关分析得到	通过相关分析得到	通过以往案例得到	快速搜集的灾情信息	灾前灾后的图像	时间
预测速度	计算过程复杂，繁琐、耗时很长	计算简单，很快可以得到预测结果	需要经过多次训练得到	案例的搜索和相对分析需要时间，相对较快	预测速度受到灾情信息获得速度的影响	获得灾前资料和计算机对比影像资料对比分析所需要的时间	类比的速度决定了预测的速度
预测的精度	不高	较高	较高	不高	高	不高	不高

续表

对比	时间序列平滑预测	回归分析预测	神经网络	案例推理预测	灰色系统模型预测	智能分析预测	外推法
适用范围	该方法适用于利用简单统计数据对象随时间变化的趋势。适用平滑时对应急物资的储备管理	适用于各因素之间有相关关系	适用于复杂的、非线性的预测	适用于有大量案例存在的情况下	适用于时间序列形式，指数形式，且能获得少量信息	适用于获得灾区的影响的前提下	时间序列数据的散点图有走向趋势
应做工作	需要因变量的历史数据资料	搜集历史数据，并做相关性分析	确定相关因素并明确输入、隐含、传递和输出神经元	需要积累大量以往发生的案例数据，形成案例大数据	快速获得灾区的少量信息	灾前实时搜集灾区的影响资料，灾后在最短的时间得到灾区的影像资料	搜集因变量的数据资料
优点	简单的数理统计预测速度较快	①计算简单，速度快 ②适用于短期预测	①适用对非线性和不确定性的预测 ②重点关注输入和输出	①使用短期的预测 ②直接通过对比得到预测结果，速度比较快	所需预测信息较少	①直接对比灾区的影响信息 ②运算速度较快	类比速度较快
缺点	①不适用复杂的数据预测 ②计算过程复杂，耗时长 ③需要因变量的历史及数据作为预测基础	①搜集以往的历史数据做相关分析，确定预测模型 ②预测存在一定的误差	①需要经过多次训练，对运算速度要求快 ②预测存在一定的误差	①需要积累大量的案例数据，没有数据就缺少了对比的对象，影响预测的精度 ②很难找到案例的相似度较高的案例，影响预测的精度 ③可能去掉其他相似案例之外其他案例中有价值的信息	①获得灾区的信息的速度决定了预测的速度 ②限于指数形式的预测 ③预测需有前期数据作为基础 ④不适用于黄金期的援期的预测	①获得灾区资料决定了预测的速度 ②对影响的处理速度有较高的要求	①搜集较多的数据资料才能获得散点图 ②预测精度不高

在人口密度较大的城市，会造成大量人口的伤亡，唐山地震就发生在拥有百万人的工业城市，造成几十万的人口伤亡。相反地震发生在人烟稀少的农村，伤亡人数较少，新疆阿克陶县虽发生 6.7 级地震，仅造成 1 人死亡，人口密度也是影响人口伤亡的主要因素。综上分析，房屋倒塌率、人员密度、发震时刻及烈度等是影响人口伤亡的主要因素，并综合考虑预测数据的易获得性、实时性、快速性、准确定等特点，对现有学者预测模型研究的对比分析，本书选择以下模型，如式（4 - 1）、式（4 - 2）所示：

$$\log_{10}^{RD} = 9.0RB^{0.1} - 10.07 \quad (4-1)$$

$$ND = f_p \times f_t \times RD \quad (4-2)$$

RD 为人员死亡率；ND 为某城市或地区人员死亡数估计值；RB 为房屋的倒塌率（某地区倒塌房间数与全部房间数之比或倒塌建筑的面积与全部建筑面积之比）；M 为该城市或地区的总人数，人口受伤人数一般为死亡人数的 3 ~ 5 倍[153]。

f_p 为该地区人口密度修正系数，其取值如表 4 - 3 所示。

表 4 - 3　　　　　　　　　人口密度修正系数

人口密度 ρ	< 50 人/平方千米	50 ~ 200 人/平方千米	200 ~ 50 人/平方千米	> 500 人/平方千米
修正系数 f_p	0.8	1.0	1.1	1.2

f_t 为地震发生时间的修正系数与地震烈度有关，其取值如表 4 - 4 所示。

表 4 - 4　　　　　　　　　时间修正系数

烈度	Ⅵ	Ⅶ	Ⅷ	Ⅸ	Ⅹ
修正系数 f_t（夜晚）	17	8	4	2	1.5

4.2.3 伤亡人口预测模型改进

结合4.2.1中分析的伤亡人口预测的影响因素，该模型考虑了房屋倒塌率、人口密度、发震时刻及烈度等四个因素，本节对其他因素的相关情况进行分析，并对模型进行改进。

建筑物建造的年代不同，结构不同，抗震防设不同等都会影响其抗震能力，即便是同一个地区不同的房屋抗震能力也很难确定。为此本书选择房屋倒塌率间接体现了抵御灾害的能力，当建筑物抵御灾害的等级高于发生的自然灾害等级时，建筑物就不会出现倒塌。受灾区域的大小是根据不同的属地大小确定的，本书选择乡镇为属地进行人口伤亡预测。灾区面积对人口死亡的影响直接体现在属地人口密度中。

一般来说，预测到地震发生时间越早，群众就会有更多的时间进行转移，造成人口伤亡数量会大大减少。目前，很多学者认为地震发生时间是无法预测的，即使可以预测，时间一般是几秒钟，没有起到减少人员伤亡的作用。因此，本书假设地震不可预测，将地震发生前没有预测的情况作为基数，即将没有预测地震修正系数（f_x）取1。

灾前准备工作越充分，灾后救援速度越快，人口伤亡也越少。这里将应急预案、应急保障、应急队伍、模拟演练等作为衡量灾前准备的因素，通过专家评定打分确定某一地区的灾前准备工作，灾前准备越充分，人员伤亡越少。由于关于灾前准备与人口死亡的关系没有学者进行研究，也无法通过案例得到证实。本书通过假设来说明这一因素对人口伤亡的影响，将地震发生前准备得分50作为基数，即将地震发生前准备得分50修正系数取1，每增加10分，修正系数减少0.1，每减少10分，修正系数增加0.1。灾前准备修正系数如表4-5所示。

表 4 – 5　　　　　　　　　　　　　灾前准备修正系数

灾前准备得分	0	10	20	30	40	50	60	70	80	90	100
修正系数 f_z	1.5	1.4	1.3	1.2	1.1	1	0.9	0.8	0.7	0.6	0.5

地震发生后，大多数人没有被建筑物砸中而死亡，而是暂时被埋建筑物中等待救援。灾后应急能力越强，越能够减少等待救援人口的死亡数。目前我国将 72 小时定位黄金救援时间，在这个时间内救援死亡人数会大大减少，超过这个时间死亡人数会大大增加。因此，本书选择 72 小时作为救援的分界线，即将 72 小时的修正系数计作 1，每提前 12 小时，修正系数减少 0.1，超过 72 小时，修正系数计作 1。灾后应急能力修正系数如表 4 – 6 所示。

表 4 – 6　　　　　　　　　　　灾后应急能力修正系数

灾后应急能力	0 ~ 12	12 ~ 24	24 ~ 36	36 ~ 48	48 ~ 60	60 ~ 72	72 小时以上
修正系数 f_n	0.4	0.5	0.6	0.7	0.8	0.9	1

综上所述，将人口伤亡预测模型，修正为式（4 – 3）：

$$ND = f_p \times f_t \times RD \times M \times f_x \times f_z \times f_n \qquad (4-3)$$

f_x 为该地区地震灾前预报能力修正系数，f_z 为灾前准备修正系数，f_n 为灾后应急能力修正系数。

4.3　众储需求预测分析

需求物资预测的前提是确定伤亡人口的数量，本节应急物资需求预测是在 4.2 节分析选择人口伤亡预测模型的基础上，通过分析影响应急物资需求预测的四个主要因素，建立应急物资需求预测模型。

4.3.1　众储需求预测的影响因素

影响应急物资需求预测的主要因素包括：伤亡人数、应急物资分类、季节需求和地区差异四个方面。

1. 伤亡人数

根据 4.2.1 对地震等级、烈度、地震发生时间、灾区人口密度、建筑物的抗震等级、灾害预报水平和应急反应能力等诸多因素分析，伤亡人数是影响应急物资需求最大的因素，伤亡人数与应急物资需求直接相关，生活类应急物资中的饮用水、食品、帐篷、衣服等应急物资需求量与灾区受灾人口数量成正比关系，生命类中的药品、救援设备等应急物资需求量与受伤人数也成正比关系。因此，通过预测灾区的受灾人数、死亡人数和受伤人数就可以预测应急物资需求量。

2. 应急物资分类

按照预测依据，将应急物资可以分为依据灾区进行预测和依据灾民进行预测两大类。其中依据灾区进行预测的应急物资包括灾区基础设施恢复物资、道路救援设备和灾区消毒物资等，这类物资与灾区的受灾面积直接相关，如灾区消毒物资根据灾区的面积直接进行预测，道路救援设备可根据灾区道路的损坏数量进行预测。依据灾民进行预测的应急物资包括生命类物资和生活类物资两大类，生命类物资是指满足受伤人员救援和救治的应急物资，如药品、救援设备等。生活类物资是指满足灾民基本生活的应急物资，如帐篷、饮用水、食品等。生命类物资和生活类物资又包括一次性需求物资和循环需求物资。一次性需求物资是指灾民只需一次就可满足的应急物资，如帐篷、衣服、救援设备等。循环需求物资是指灾民连续需求的应急物资，如食品、药品等。生活类一次性需求物资与受灾人数相关，生活类循环需求物资与受灾人数和救援时间相关，生命类一次性需求物资与受伤需救援人数相关，生命类循环需求物资与受伤需救援人数和救治时间相关（如图 4 - 4 所示）。

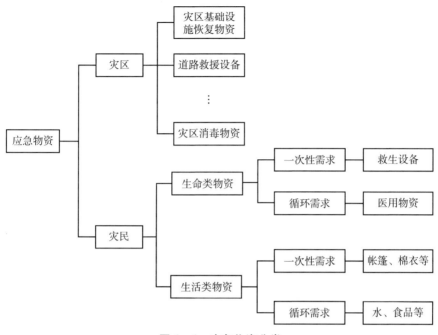

图 4 – 4　应急物资分类

3. 季节需求

自然灾害发生后，灾民对应急物资的需求因季节不同而有差异。灾害发生在炎热夏季时，对于饮用水、消炎药、消毒液等应急物资的需求会比冬季大；灾害发生在寒冷的冬季时，对于棉被、帐篷、棉衣等应急物资的需求比夏季大。因此，在对灾区应急物资需求做预测时，根据以往灾害救援的数据，将季节因素转换为在不同季节的相应系数进行考虑。

4. 地区差异

灾害发生地区的不同，对应急物资的需求是有影响的。如果自然灾害发生在大城市，由于建筑物密集、种类繁多、结构复杂等，使对救援设备的要求更高，需求量更大。由于大城市的人口密度大，容易引起传染病，对于消毒液的需求也较大。本书不考虑地区差异对于生活类一次和循环应急物资的需求，一是由于对生活类应急物资的需求直接以伤亡人数和受灾人数来计算，二是灾害发生在不同地区时，对应急物资需求的种类有影响，但对应急物资的需求数量没有影响。众储物资来源于本地，这些应急物资相对符合本地区对应急物资的特殊需求，所以不同地区救援物资种类的差异在建立虚拟众储时已经实现，在内蒙古地区建立的应急物资储备多数是蒙古包和牛肉干，而在四川地区建立储备的主体是四川本地的企业、电商、家庭等，储备的应急物资多数是防雨的帐篷和香辣食品，符合四川民众对食品的特殊要求。

4.3.2 应急物资需求预测模型

不同种类的应急物资需求量不一样，需要根据应急物资的分类，综合人口伤亡、季节差异、地区差异等因素确定灾区对应急物资种类和数量的需求。

1. 生命类应急物资需求

生命类应急物资是为救治伤员，需求量大小与灾区受伤人数直接相关，因此生命类物资的预测需要确定受伤人数。依据单个受伤人数对生命类应急物资的单位需求，结合灾害发生地区和季节两个因素分别得到地区系数和季节系数，分一次需求和循环需求两类，计算得到生命类一次应急物资需求和生命类循环应急物资需求。

（1）生命类一次应急物资需求

$$D_{jk} = Q_{k生命} \times SS \times G_k \times Z_k \qquad (4-4)$$

D_{jk} 表示第 j 受灾点对第 k 种物资的需求量；

$Q_{k生命}$ 表示单个受伤人口对生命类一次需求物资单位需求量；

G_k 表示第 k 种应急物资的季节系数；

Z_k 表示第 k 种应急物资的地区系数；

SS 为灾区的受伤人数。

（2）生命类循环应急物资需求

$$D_{jk} = QV_{k生命} \times SS \times T \times G_k \times Z_k \qquad (4-5)$$

$QV_{k生命}$ 表示单个受伤人口对生命类循环需求物资单位需求量；

T 表示应急物资需求的时间。

2. 生活类应急物资需求

生活类物资主要是满足灾民的生活，应急物资需求量大小与灾后存活的总人数（灾区总人数剔除死亡人数）直接相关，依据存活人数和单个存活人数对生活类应急物资的单位需求，结合灾害发生的季节系数，分为一次需求和循环需求两类，计算得到生活类一次应急物资需求和生活类循环应急物资需求。

（1）生活类一次应急物资需求

$$D_{jk} = Q_{k生活} \times (ZS - SW) \times G_k \qquad (4-6)$$

$Q_{k生活}$ 表示单个存活人口对生活类一次需求物资单位需求量；

ZS 为灾区的总人数；

SW 为灾区的死亡人数。

（2）生活类循环应急物资需求

$$D_{jk} = QW_{k生活} \times (ZS - SW) \times T \times G_k \qquad (4-7)$$

$QV_{k生活}$ 表示单个存活人口对生活类循环需求物资单位需求量。

综上分析，可以得到基于人口伤亡和应急物资分类的应急物资需求预测模型，如式（4-8）所示：

$$D_{jk} = \begin{cases} Q_{k生命} \times SS \times G_k \times Z_k, & \text{生命类一次需求物资} \\ QV_{k生命} \times SS \times T \times G_k \times Z_k, & \text{生命类循环需求物资} \\ Q_{k生活} \times (ZS - SW) \times G_k, & \text{生活类一次需求物资} \\ QV_{k生活} \times (ZS - SW) \times T \times G_k, & \text{生活类循环需求物资} \end{cases} \qquad (4-8)$$

$Q_{k生命}$ 表示单个受伤人口对生命类一次需求物资单位需求量；

$QV_{k生命}$ 表示单个受伤人口对生命类循环需求物资单位需求量；

$Q_{k生活}$ 表示单个存活人口对生活类一次需求物资单位需求量；

$QV_{k生活}$ 表示单个存活人口对生活类循环需求物资单位需求量；

D_{jk} 表示第 j 受灾点对第 k 种物资的需求量；

G_k 表示第 k 种应急物资的季节系数；

Z_k 表示第 k 种应急物资的地区系数；

T 表示应急物资需求的时间；

SW 为灾区的死亡人数；

SS 为灾区的受伤人数；

ZS 为灾区的总人数。

4.4 本 章 小 结

本章主要阐述属地众储物资分配有效性三角结构中的需求预测部分。通过分析灾害源、灾害承灾体和防减措施三个主要影响人口伤亡的因素，并对比分析时间序列平滑预测、线性回归、非线性回归、神经网络、案例推理预测、灰色系统模型预测、智能分析预测等常用伤亡人口预测方法，选择采用回归分析和智能分析相结合的间接预测方法，对现有回归分析模型的研究进行对比分析后，选择最优的预测模型来预测人口死亡数量，间接推算人口伤亡数量。得到人口伤亡数后，通过分析影响应急物资需求的伤亡人数、应急物资分类、季节需求和地区差异四个主要因素，建立基于人口伤亡的应急物资分类需求预测模型，为后续众储点的选择和众储物资分发提供了依据。

5

属地应急物资虚拟众储
快速响应模式研究

　　基于第 3 章提出的属地应急众储物资分配三角结构，在第 4 章研究需求预测的基础上，通过应急物资需求预测模型，确定灾区救援所需应急物资的种类和数量，依据确定的种类和数量快速筛选出能够满足灾区需求的众储点，将这些众储点的应急物资进行分配，灾后虚拟众储的快速响应能保证灾区所需应急物资快速精准分发，为快速救援提供保障。因此，属地应急物资分配是建立在快速响应模式的基础上，平急结合的应急物资需要通过计算机、网络通信、大数据等技术实现虚拟众储，这是一种有效的快速响应模式。这种快速响应模式的储备是灾前通过标准合同建立的，储备量足够大，并采用信息化平台的方式来管理，因此本章不研究储备量的问题。本章主要研究虚拟众储的概念和特点，并指出虚拟众储快速响应模式的建立以及管理机制，在第 4 章需求预测的基础上选择满足救灾需求的出救点（众储点）。

5.1　虚拟众储内涵

　　虚拟众储是属地应急物资快速分发的基础，为保障灾后虚拟众储的正常运行和快速响应，需要明确界定虚拟众储的内涵。所以本节主要阐述虚拟众储的概念和特点。

5.1.1 虚拟众储概念

一般来说，虚拟储备是指利用计算机、网络通信和信息采集技术，将存储在不同企业、不同地理位置的物资，通过远程控制的方式，实现不同时间和空间集成化、一体化的调度和管理，实现存储资源的均衡性、多样性、合理性，减少存储资源的浪费，节约存储成本。

应急物资虚拟储备与其他虚拟储备的显著区别在于弱经济性[154]，自然灾害的突发性、严重性，要求应急物资虚拟储备要以满足应急需求为重点。自然灾害发生后为满足应急需求需要调配大量的应急物资进行救援，为满足应急物资的需要，就要求有相对充足的储备量，存储成本是次要考虑因素[155]。

在应急救援时，传统应急物资储备，必须配备实体的仓库，用于应急物资的存储、收发、分拣，应急救援范围也局限在某一个区域，而应急物资调配需要复杂的审批环节，造成应急物资到达灾区的时间相对较长。应急物资虚拟储备突破了地域的限制，将分散存储在不同地区、不同仓库的应急物资通过计算机和网络集成在一起，实现了应急物资储备信息的一体化管理和统一调配。应急物资辐射半径被放大，也可实现存储点分布的均衡和存储量的合理化，救灾时可以根据灾区的不同需求实现应急物资合理快速的配送，大大提高了应急保障能力和服务水平。与传统的应急物资储备相比，虚拟众储在存储规模、筹集速度、均衡化和合理化方面的优势是不可比拟的。

综上所述，虚拟众储是通过计算机、网络通信和信息采集传输等技术，将企业、电商、志愿组织、家庭、个人等不同存储主体，与不同存储位置的应急物资，通过建立应急物资信息平台，实现应急物资不同时间和空间的远程化、一体化、集成化管理，实现应急物资存储的社会化、网络化、均衡化、时空化，减少应急物资存储的浪费，达到快速救援。虚拟众储简化了应急物资调配流程，实现了物流和信息流的有机统一，实现了"平急转换"，有利于改善应急物资存储时间长、周转效率低、产品过期、资金占用量大、场地设施占用等问题。

5.1.2 虚拟众储的特点

虚拟众储是一种新的应急物资存储方式和管理方式，主要特点体现在：突破原有的国家储备模式，原有的实物储备模式，更加强调社会化应急物资的整合。具体来说，虚拟众储与国家储备相比，具有如下特点：

1. 多样性

虚拟众储从储备主体看，包括企业、电商、志愿组织、家庭、个人等多个不同存储主体。从储备方式来看，包括实物储备、合同储备、生产能力储备等多种储备方式[156]。从社会角度来看，包括物流企业、电商企业、生产企业、仓储企业等多种企业。从储备种类来看，不仅包括防护用品类、生命救助类、生命支持类、救援运载类、临时住宿类、污染清理类、动力燃料类、工程设备类、工程材料类、器材工具类、照明设备类、通信广播类、交通工具类等救援物资，还包括不易存储、周转速度快、特别是满足灾区特定救灾需求的物资。因此，众储物资具有多样性的特点。

2. 个性化

国家储备一般是储备通用的救援物资，没有考虑区域特点和个性化需求。虚拟众储整合的是社会救援物资，这些物资存储在当地不同所有者手中，更符合当地救灾的特点，如南方地区由于洪水较多，储备更多的是橡皮艇和冲锋舟；北方地区干旱较多，储备更多的是喷灌设备。这些物资也更符合当地人们生活的需求，比如内蒙古自治区储备的是蒙古包和牛肉干；四川地区储备的是防水帐篷和辛辣食品；东北地区储备了一定数量的防寒帐篷和棉被等。

3. 虚拟性

虚拟众储是利用计算机、网络通信、大数据等现代信息技术，整合分散在不同存储主体、不同存储位置的应急物资，通过信息平台实现应急物资储备的网络化、信息化、平台化，实现应急物资存储时间、空间、种类、数量等存储信息的交换共享，实现对众储物资的统一监管，保证自然灾害发生后，第一时间统一分发众储物资，实现快速救援。平时状态下，虚拟众储信息平台管理、共享、传输的只是信息，灾害发生后，执行分发众储物资送达灾区的方案时交付的才是实物。

4. 共同性

虚拟众储的各成员地理位置不同、承担的任务不同、存储应急物资的种类和数量不同，但各成员的重构，都是基于用户需求的。自然灾害发生后，快速精准救援，促使各成员的分工和合作，共享虚拟众储信息，从而达到快速满足灾区需求，减少人员伤亡的共同目标。各成员分工协作组成的利益共同体，必须共同承担应急保障中各种技术风险。

虚拟众储将各属地不同存储主体的物资，通过虚拟众储信息平台进行整合，这些不同的存储主体均衡地分布在全国各属地，相比国家储备库而言，众储点的选择更灵活，众储的应急物资种类更多样，数量更大，不仅解决了不同地区灾情特点和对应急物资的个性需求，同时解决了国家存储地区分布不均衡的问题，对国家应急储备进行了有效的补充。

5. 平急转换性

平急转换性是虚拟众储的主要特点之一。没有灾害发生时，不同存储主体、不同存储位置的应急物资，在保证应急存储量的前提下，进行正常的流通。电商企业进行日常的商品采购和贸易流通，个人存储的商品也进行着正常的消费。当自然灾害发生后，这些物资就转化为应急物资，第一时间满足灾区的救援需求。平急转换解决了应急物资存储时间长、产品容易过期、周转效率低、资金占用量大、场地设施占用等问题。

6. 动态性

虚拟众储借助现代化的信息技术，将不同存储主体、不同存储位置的众储物资存储的时间、空间、种类、数量等信息实时共享在应急平台上，存储信息都是动态更新的，从而实现动态信息的实时监管。自然灾害发生后，众储物资的调度和补给信息也在实时动态更新，实现救灾也能做到实时动态监管。各成员之间是相互分工协作，承担不同的任务，当某个成员不能达到考核标准或不能满足应急需求时，就必须从虚拟众储信息平台中剔除。

5.1.3　虚拟众储的优势

1. 丰富应急物资种类，保证应急物资存储量

国家最初储备的应急物资只有帐篷，随着应急需求的变化，应急物资储备也仅包含了帐篷、棉被、方便面、饮用水、消毒剂等救灾必不可少的应急物资，与民政部编制的《应急保障重点物资分类目录（2015）》的种类相差甚远。为了应急的方便，目录只列出了生产厂家，并没有与厂家签订应急储备合同，也没列入中央应急储备。虚拟众储整合了企业、电商、志愿组织、家庭、个人等不同存储主体的应急物资，解决了应急物资储备种类单一的问题。从汶川地震和南方雪灾可以看出，仅靠国家储备应急物资的数量，远远不能满足救灾的需求。另外，对于存储周期短、容易过期的应急物资，仅依靠国家储备会造成存储成本过高，并且很难保证应急产品的质量。虚拟众储不但可以保证应急产品的数量和质量，还可以考虑储备符合当地灾害特征和区域特点的应急物资，能实现应急产品的"平急转换"，降低应急产品的存储成本。

2. 合理利用社会资源，优化应急物资均衡化布局

面对日益严峻的救灾形势，完善应急物资储备显得越发重要。从中央到地方，一直都在不断完善应急储备制度和储备网络，目前已经在全

国建立了 19 个中央应急物资储备库，但分布还是呈现东部和中部密集，西部储备库相对较少的现状。比如整个西藏地区仅在拉萨建有中央应急物资储备库，西藏的西南大部分地区没有储备库；青海和云南分别建有一个应急物资储备库；贵州和甘肃没有建立中央应急物资储备库。为了完善应急物资储备，实现应急物资均衡化，需要实现政府储备和社会储备的结合，实现实物储备和虚拟储备的结合。逐步推广企业协议储备、生产能力储备、电商储备、家庭储备、个人储备等多种储备方式，充分合理利用社会资源，逐步完善应急物资储备，建立多元化、多主体、综合化的应急物资储备体系。

3. 建立协同共享机制，实现快速精准救援

利用计算机、信息、网络、通信等现代化的技术，实现不同存储主体、不同存储位置应急物资信息资源的共享、交换和统一管理，以满足客户需求为核心，建立共同的应急目标。在平时，各众储点在保障应急物资安全存储量的要求下，可以正常流通，也可以通过协作机制，建立利益共同体，减少应急物资浪费，实现资源的合理调配，节约成本。在应急时，应急协调指挥中心，通过采集灾区受灾信息，生成应急救援方案，按照统一指挥原则，快速从灾区周边应急物资储备点调集灾区急需的救援物资，在最短的时间将应急物资送到灾民手中，从而实现快速精准救援。

5.2 虚拟众储快速响应模式

在阐述虚拟众储概念和特点的基础上，本节提出虚拟众储快速响应模式建立的目标与原则，依据建立的原则确立虚拟众储快速响应模式，对每一个过程进行了详细分析，最后指出虚拟众储的运作管理机制。

5.2.1 快速响应模式建立目标与原则

1. 快速响应模式的目标

在现有应急响应模式下，利用计算机技术、通信网络技术、大数据技术等先进的信息技术，充分整合社会应急物资，完善社会化应急物资储备，实现应急物资的均衡化布局及虚拟化管理，做到信息共享，实施动态化管理，减少信息"孤岛"和信息不通畅导致的应急延误，通过信息平台建立虚拟众储，促进应急救灾中灾区需求和供应的平衡，实现应急救援的快速响应。

2. 快速响应模式建立原则

（1）虚实结合原则

应急物资众储点通过网络、计算机、通信等技术实现数据在平台的存储和共享，应急物资管理部门平时管理的是虚拟数据，只有进行检查时才能看到具体的应急物资。在应急时，生成分发方案利用的也只是平台存储的应急物资数据，只有当应急物资送达灾区灾民手中时，才能看到实实在在的物资。实际存储经常发生"有库有数无物"的现象，为了实现应急时有物可分发，真正把应急物资送达灾区满足灾民需要，平时必须保证平台虚拟存储数据与实际储备点存储的应急物资相符。因此，虚拟众储的建立必须遵循虚实结合原则。

（2）平急结合原则

没有灾害发生时，各众储点按照存储协议要求保障应急物资的安全存储量，并进行正常的生产、流通、交换、买卖等活动。各众储点也可以利用信息平台，共享信息资源，通过协调共享机制，实现资源相互调配。灾害发生后，各众储点存储的物资转换为应急物资，为救灾贡献力量，并按照应急协调指挥中心的要求，对众储点的应急物资进行统一的调度和分发，实现救灾物资"第一时间"运抵灾区。平急结合可以充分利用社会资源，实现应急资源整合，节约应急存储成本。

（3）时空原则

通过虚拟众储信息平台，各众储点的数据信息实现了互联互通和实时共享。通过整合各众储点的数据，建立应急协调指挥调度中心虚拟数据库，该数据库基于 GIS 将各众储点的存储空间位置表示出来，实现应急协调指挥调度中心平时对各众储点的实时监管，应急时对各众储点的统一指挥调度。

（4）合作共享原则

将不同存储主体，不同存储位置的应急物资，通过网络、信息、通信、平台等技术，建立时空虚拟数据仓库，实现各众储点信息资源共享。应急时各众储点以"第一时间"满足灾区需求为根本目标，充分发挥众储点的优势，按照应急协调指挥调度中心的应急方案实施应急救援，灾后按照存储协议和激励机制进行补偿和奖励。

（5）标准化原则

虚拟众储的建立需要整合多行业、多部门、多众储点、多种应急物资的大量数据，为突破数据的"信息孤岛"，保证数据信息的无缝衔接、集成和实时共享，需要建立数据接口标准、数据存储基础性标准、数据传输标准、数据服务标准、数据安全标准等数据标准化体系，实现各众储点数据层与应急协调指挥调度中心虚拟数据仓库层之间的集成、访问和共享，保证虚拟数据仓库层和应用层之间的访问、应用和迁移。

虚拟众储在成员选择、淘汰、激励等方面，需要建立标准的评价指标和流程，选择符合标准的对象作为虚拟众储成员，经过后期的模拟演练和实际考核，不符合考核指标的对象可以直接淘汰。为保证应急物资顺畅、快捷、准时地送达灾区，需要将多种的应急物资，根据救灾的需求建立标准化的包装单元，使之与各种装卸和运输设备相兼容。建立标准的应急作业流程，包括应急物资调配流程标准、应急物资出库流程标准、应急物资配送流程标准等，实现流程的标准化、作业的自动化，提高出库能力，满足快速救援的要求。

（6）动态化原则

虚拟众储的成员是变化的，选择符合标准的作为众储点，不符合标准的直接淘汰。众储点存储的应急物资也是动态的，在众储点满足应急安全库存数量的条件下，应急物资可以进行正常的流通和更新，保证应急物资的存储质量，不会出现过期商品，从而实现应急物资存储的动态平衡。应急平台存储的虚拟数据也是动态变化的，各众储点数据库和应急协调指挥调度中心虚拟数据库实现实时化的传输和共享，确保虚拟众储的数据和实际存储的应急物资数量相一致，调度应急物资时不会出现"有库有数无物"的现象，保证应急救援物资能够按照应急需求快速送到灾区。

（7）社会化原则

应急物资储备是在预防阶段提前储备，这种储备一般都是实物储备，需要投入大量的人力、物力和财力，但在种类和数量上还是很难满足救灾的需要，特别是对一些时效性强、存储时间短、容易过期的应急物资，损失成本更高[157]。充分发挥各类不同社会储备主体的积极性，推广协议储备、生产能力储备、流通储备和家庭储备等多种储备方式，将国家储备与企业、电商、家庭储备相结合，将实物储备与生产能力储备、虚拟储备相结合，充分利用社会资源，建立社会化的应急物资储备信息平台，使该物资储备更符合当地自然灾害特点和区域特点，增加应急物资储备的种类和数量，均衡化储备布局。

（8）网格化原则

《关于加强自然灾害救助物资储备体系建设的指导意见》指出，我国救灾储备普遍面临布局不合理、基层存储能力不足和"有库无物"等一些共性问题。社会应急资源更多是分散存储于社会不同存储主体中，这些应急物资孤立存在、无法共享。将全国行政区域，按照一定的标准和规则进行网格划分，形成若干个网格单元，通过网格化和网络化管理理论和技术，将存储于村庄、社区、乡镇、街道、直辖市、各省等各种民间的应急物资信息，进行有效整合共享，实现应急物资的有效整合和高效利用。

（9）均衡化原则

虽然我国在全国已经建立了多个中央应急物资储备库，但储备点的分布、存储应急物资的种类和数量，还呈现着不均衡的现象。相比之下，虚拟众储的建立更能体现均衡化原则。虚拟众储的存储主体可以是企业、电商、家庭和个人，这种存储主体的多样性，决定这些储备点分布在全国各地，在众储点成员地理位置的选择上有更大的灵活性，储备点分布的广泛性，实现了应急物资存储种类和数量的均衡。储备的均衡性能保证某一地区发生自然灾害时，不需要从很远的应急物资储备库调运物资，可以直接调运灾区周边的众储物资，大大缩短了应急物资运抵灾区的时间。

5.2.2 快速响应模式构建

虚拟众储主要是通过信息平台和通信网络实现信息资源共享，建立快速有效的响应模式，具体建立过程如图5-1所示。

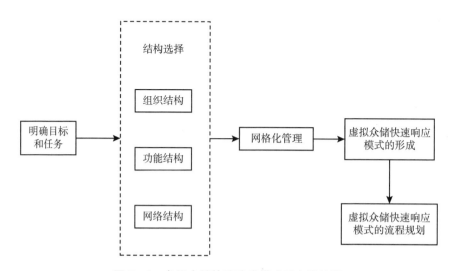

图5-1　虚拟众储快速响应模式建立的流程

1. 明确目标和任务

虚拟众储就是将分散的社会应急资源进行整合，形成符合地区应急需求特性的属地应急物资储备，从而优化应急物资储备，实现灾后快速救援、先期处置的目标。这就需要将存储在不同所有者那里的应急物资，利用应急信息平台，实时传输和共享存储信息，实现资源日常运行和管理，应急时快速响应。

2. 结构选择

（1）组织结构

本书在陈杨等关于军事虚拟仓库结构研究的基础上[158]，结合虚拟众储的概念和特点，对虚拟众储的组织结构进行了改进。

①星型组织结构。这种组织结构一般由处于核心地位的应急物资供应成员和其他一些经过选择考核后的应急物资供应成员构成。处于核心地位的应急物资供应成员可以是相对比较固定、供应规模比较大、处在应急核心位置的成员，相对其他成员可以是企业、电商、家庭、个人，也可以是具有仓储、运输、生产等功能的存储点，必须是经过考核后满足应急需求的，不能满足需求时直接剔除掉这个成员。

核心成员借助集成化、一体化的信息平台实现应急物资存储信息整合，制定运行规则，并负责协调其他各成员之间的关系。其他各成员间可以通过信息平台相互联系。在平时状态下，核心成员与其他各成员间，以及各成员间可以互通信息、调配各种资源；在应急状态下，由核心成员负责统一调配各种资源（如图5-2所示）。

该组织结构的优点：核心成员可以制定运营规则，保证组织的正常运行；调节各成员间的关系和缓解冲突；有利于应急时统一调配资源；有利于平时成员间可以共享资源；非核心成员的退出，不影响整个组织的正常运行。

该组织结构的缺点：核心成员如果更换或者退出，整个平台将瘫痪；其他成员必须遵循核心成员的运营规则和接受统一指挥。

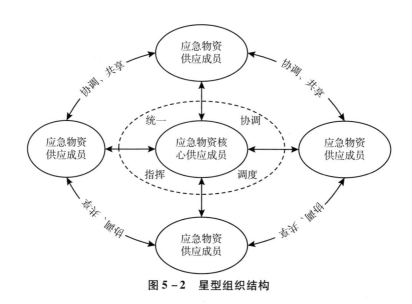

图 5 - 2　星型组织结构

②平行组织结构。这种组织结构不存在核心成员，所有应急物资供应成员都是平等的、独立的，借助集成化、一体化信息平台实现应急物资存储信息的共享。在平时状态下，各成员间，可以互通信息、调配各种资源；在应急状态下，各成员可以依据自己的独特能力，为应急物资的供应和快速救援贡献力量（如图 5 - 3 所示）。

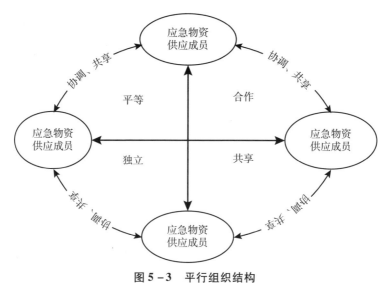

图 5 - 3　平行组织结构

该组织结构的优点：任何成员的退出不影响整个组织的正常运行；各成员不受其他成员的指挥，相互独立，地位平等；平时状态下，各成员可以共享资源；应急状态下，各成员可以积极发挥自己的能力。

该组织结构的缺点：缺少运营规则的制定；不利于调节各成员之间的关系和缓解冲突；不利于应急时统一调配资源。

③联邦组织结构。这种组织结构是在平行组织结构的基础上，增加一个应急协调指挥中心。在平时状态下，应急协调指挥中心负责各成员应急资源的统一计划、监督和管理，各成员在满足需求的情况下，彼此之间可以互通信息、调配各种资源；在应急状态下，应急协调指挥中心负责统一调配所有成员的应急资源，从而实现应急资源的优化调度和应急统一指挥（如图5-4所示）。

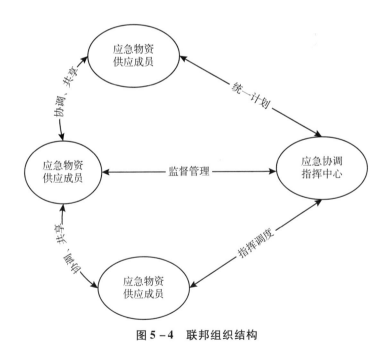

图5-4 联邦组织结构

该组织结构的优点：应急协调指挥中心制定运营规则，保证组织的正常运行；调节各成员间的关系和缓解冲突；有利于应急时统一调配资源；有利于平时应急协调指挥中心的统一监督和管理，各成员可以共享资源；任何成员的退出，不影响整个组织的正常运行。

该组织结构的缺点：应急协调指挥中心任务量较大，该中心瘫痪将导致整个组织瘫痪。

综上所述，通过三种组织结构的对比分析，结合虚拟众储的特点，建立国家应急协调指挥中心负责统一管理省级应急协调指挥中心和国家级应急存储点，省级应急协调指挥中心负责统一管理县市级应急协调指挥中心和省级应急存储点，县市级应急协调指挥中心负责统一管理乡镇应急指挥中心和县市应急存储点，乡镇应急协调指挥中心负责统一管理村级应急指挥中心和乡镇应急存储点，村级应急指挥中心负责村级应急存储点。组织结构中上一层和下一层之间选择联邦组织结构，同层之间选择平行组织结构，各级存储点和周围存储点之间选择星型组织结构（如图 5 - 5 所示）。

（2）功能结构

虚拟众储以信息技术和网络通信为基础，以标准化合同为管理纽带，保证虚拟众储的正常运行。国家应急协调指挥中心负责统一制定众储点的选择、评价标准和各级标准合同，属地应急协调指挥中心根据应急需求和集中虚拟众储点的选择、评价标准确定集中众储点，并与确定的集中众储点签订标准化合同，确定的集中众储点按照选择、评价标准选择需要汇集的分散众储点，并与该众储点签订标准化合同，向相应的属地应急协调指挥中心进行备案（如图 5 - 6 所示）。

在平时状态下，属地应急指挥中心负责属地内集中众储点的管理、监督和检查，并对备案的分散众储点进行随机抽查，与不符合应急需求标准的众储点解除合同。集中众储点负责相应分散众储点的管理、监督和检查。各个集中众储点和分散众储点正常运营，集中众储点之间、分散众储点之间、集中众储点和分散众储点之间，实现资源协同共享。在应急状态下，属地应急协调指挥中心负责集中众储点的统一调度和管理，集中众储点按照应急协调指挥中心的统一要求，负责各分散众储点的统一调度和管理。救援结束后，按照属地应急指挥中心的统一标准对集中众储点和分散众储点进行考核、结算和补偿。

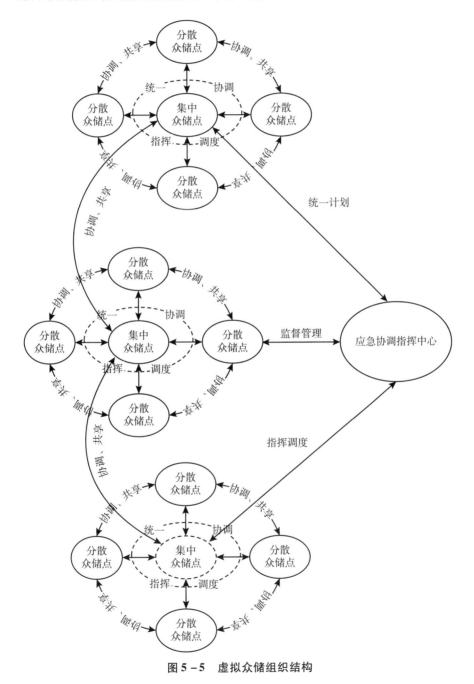

图 5 - 5　虚拟众储组织结构

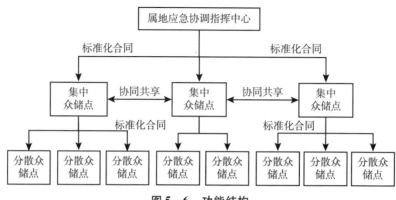

图 5 - 6　功能结构

（3）网络结构

传统的信息网络结构采用客户端/服务器（Client/Sever）和浏览器/客户端（Browser/Sever）两种模式，这两种模式各有不同（如表 5 - 1 所示）。

表 5 - 1　　　　　　　　客户端/服务器（C/S）和浏览器/
客户端（B/S）两种模式对比

	客户端/服务器（C/S）	浏览器/客户端（B/S）
客户端	安装客户端	使用 Web 浏览器
范围	局域网	广域网
升级	客户端	服务器
安全性	相对较高	相对较弱
开发成本	相对较高	相对较低
用户	面向固定用户	面向不同的用户群

经过以上对比分析，我们采用 C/S 和 B/S 相结合的方式，其中应急指挥协调中心和应急客户端采用 B/S 模式，满足广大应急用户的需求，升级管理相对比较容易。应急指挥协调中心与应急存储点数据库之间采用 C/S 模式，实现局域网范围内数据的安全传输（如图 5 - 7 所示）。

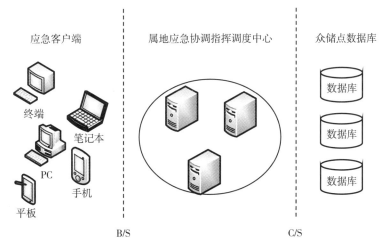

图 5 - 7 网络结构

为减少客户端程序的复杂度，实现灵活、方便的特性，将数据库与客户端分离开来。通过增加 Web 服务器层，缓解中心服务器的压力，提高服务器和系统的响应速度。通过建立虚拟数据仓库层，实现应急物资存储点数据仓库的集中管理，保证数据的安全性。因此，属地应急虚拟众储信息平台采用表示层、Web 服务器层、应急应用服务器层、虚拟数据仓库层和应急物资存储点数据仓库层的五层架构（如图 5 - 8 所示）。

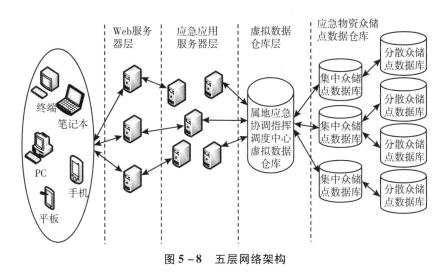

图 5 - 8 五层网络架构

3. 网格化管理

（1）网格划分

网格一词来自"电力网格"，像电力网一样利用高压线将分散的发电站、变压器和用户连接在一起，计算机网络就是利用因特网将分布在不同位置的计算机、存储器和数据库结合在一起，形成一个虚拟的有机整体。综合众多学者对网格的研究，可以概括为：网格是继互联网和Web之后，一种新兴的网络和信息处理技术，利用互联网技术将分散在不同地理位置的计算机、软件、存储设备、数据库等各种资源连成一个虚拟的整体，实现各种资源和信息共享，彻底消除信息和资源"孤岛"现象。

这种计算机网格相继被应用在区域或城市公共危机"网格化"应急管理、城市突发事件"网格化"应急管理、社区"网格化"应急管理等方面。本书基于网格化的理论和思想，将其应用在属地虚拟众储的建立上，将分布在全国各地的众储物资按照一定的标准划分成基本的网格单元，在网格单元内建立存储点，真正解决应急物资存储不均衡的问题，实现多元化、均衡化众储物资存储。

民政部等九部门联合印发的《关于加强自然灾害救助物资存储体系建设的指导意见》强调分级负责、部门协作、社会参与，着力构建五级救灾物资存储体系。将存储体系建设延伸到乡镇（街道）一级，推动救灾物资存储下移到基层，最大程度提高救灾物资调运和发放时效，进一步提高救灾工作效率。网格的划分形式有很多，包括按照经度和纬度、直角坐标等划分的规则网格，也包括地籍划分的不规则网格。本书结合学者的研究，综合考虑虚拟众储的特点选择按照行政区域划分的不规则网格。

综上所述，将虚拟众储网格分为5级，第5级网格是以村和社区为基础的网格，这些网格内部包括了分散众储点和集中众储点，乡镇和街道构成第4级网格，县市和区构成了第3级网格，省和直辖市构成第2级网格，国务院应急办是1级网格的管理机构，处在网格结构的顶层。

（2）虚拟众储的网格化结构

虚拟众储按照以属地为核心、平急结合、分层管理、信息共享、统一调度的原则，以村和社区作为第5级网格，建立集中众储点，并负责周围分散众储点的日常监督和管理。灾害发生后，分散众储点的应急物资和车辆按照模拟演练的流程向集中众储点进行汇集，集中众储点接受属地应急指挥中心日常的统一监督和管理，灾害发生后，将平时状态转为应急状态，按照属地应急指挥中心的统一要求，展开应急救援。分散众储点、集中众储点和属地应急指挥中心的数据实时更新，这些数据在应急众储平台上是开放和共享的。在应急救灾时，各个属地应急指挥中心之间实现信息共享，根据需求可以向其他属地应急指挥中心调度车辆和物资（如图5-9所示）。

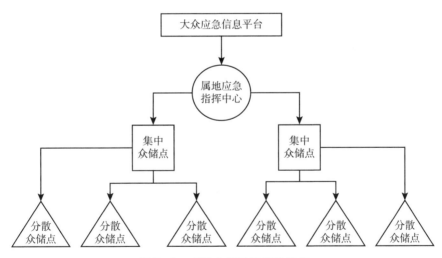

图5-9　虚拟众储网格化的结构

4. 虚拟众储快速响应模式的形成

按照图5-10所示，各属地应急指挥中心通过信息平台，实现平时状态下，对集中众储点的统一管理和监督，集中众储点对其周围分散众储点的统一管理和监督，实现属地化管理。同样通过信息平台，实现应急时属地应急物资的统一分配。

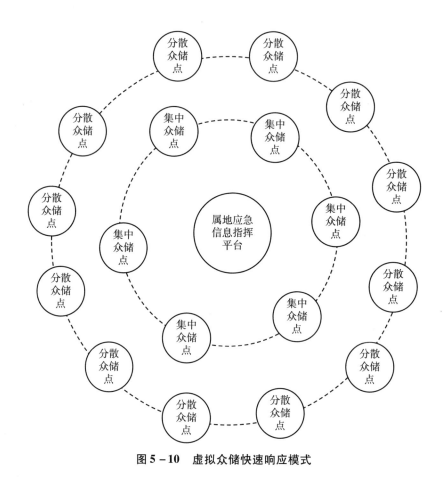

图 5 - 10　虚拟众储快速响应模式

5. 虚拟众储快速响应模式的流程规划

（1）数据流程规划

数据实时共享是实现虚拟众储的关键要素之一。实现分散众储点和集中众储点数据的实时传输，以及实现集中众储点和属地应急中心数据的实时传输，达到分散众储点、集中众储点和属地应急中心之间的数据资源共享。集中众储点负责分散众储点的实时远程监督，根据需要随时进行现场检查，属地应急中心负责对集中众储点和分散众储点的远程监督和现场检查,同时负责储备计划和运能计划的制定,通过实时数据传输、远程监控、现场检查等手段,发现问题,及时预警,并分析原因及时纠正(如图5-11所示)。

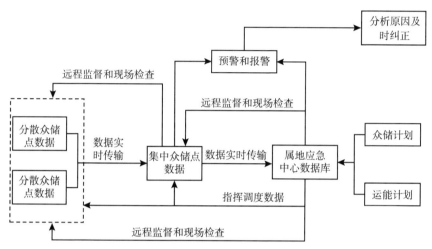

图5-11 虚拟众储快速响应模式的数据流程

(2)业务流程规划

根据虚拟众储信息平台提供的信息,确定储备点的完好性,在完好的集中众储点和分散众储点中,依据需求预测确定的灾区需求,搜索选择有足够应急物资且有相应运输能力的众储点作为出救点。

各众储点成员需要根据基本的业务流程,实现应急效用最大化。属地应急协调指挥中心将应急方案传送至集中众储点,集中众储点根据需求进行运输工具的准备,同时进行拣货、出库、标准化打包和贴单,并检查核对应急物资的种类、数量、发往的灾区等信息,接下来快速装车,并将应急物资及时发出。如果集中众储点的应急物资不能满足灾区需求时,向周围分散众储点发出调配信息,按照模拟演练的应急预案进行汇集。当存储量较大时,分散众储点将应急物资自行标准化打包和贴单;当存储量较小时,直接汇集到集中众储点后,统一进行标准化打包和贴单，应急车辆一同向集中众储点汇集。如果没有应急物资需求，则只汇集应急运输工具（如图 5 - 12 所示）。

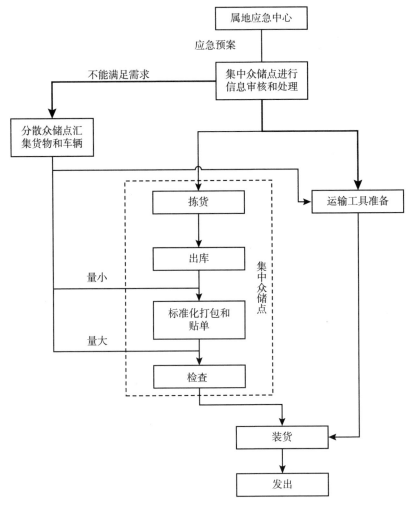

图 5 - 12　虚拟众储快速响应模式的业务流程

（3）灾后补偿

救灾结束后，依据灾前签订合同时规定的补偿机制，并按照应急时调用的应急物资数量和实时市场价格，应急指挥中心对集中众储点进行补偿，集中众储点对分散众储点进行补偿。

5.2.3 运作管理机制

（1）信息通信网络技术

虚拟众储不是实体化存储，而是利用计算机和网络技术在逻辑层面上的信息化存储。这种存储模式的正常运行需要基础的服务器、计算机、终端等，并通过网络实现不同地理位置上分布众储点的共享、合作和协调，从而形成一个属地应急虚拟众储网络，能够实现灾害发生后，当后方救援物资无法及时到达时，属地"第一时间"展开应急救援。各种安全措施，如数据加密、以太网交换、网络防火墙、病毒防护、VPN等技术，可以避免数据的破坏、泄露、篡改，保证数据传输和共享的安全性，实现属地虚拟众储日常运行及应急救援的作用。信息网络技术的应用是虚拟众储运行的信息基础，只有各个众储点成员之间，通过实时信息资源安全的传输和共享，才能实现系统化、实时化、数字化的管理，才能实现对集中众储点和分散众储点应急物资的远程监督和管理，增加各众储点之间的信任度，在最大程度上发挥属地应急救援的优势。

（2）建立协调机制

协调机制贯穿虚拟众储建立和运行的整个周期。首先在虚拟众储建立阶段，要求各部门及相关人员在工作中承担不同的角色，各自完成相应的任务，并与其他部门和成员进行良好的沟通和协调。其次在日常运行阶段，要求应急协调指挥中心、集中众储点、分散众储点之间通过建立统一的应急数据中心，实现良好的数据共享、监督和管理等，保证充足的应急储备。最后应急阶段，各众储点按照应急指挥中心的调度指令和平时的应急模拟演练，展开应急救援，如果各成员之间没有良好的协调机制，不管采用多先进的技术，虚拟众储效率不但不会提高，反而会大大降低，给应急救援带来不可估计的损失。因此，建立协调机制是虚拟众储建立和运行的保证。

（3）建立补偿机制

传统的应急储备是政府提前储备应急物资和运输工具，这样不但会增加存储成本，还造成了资金的占用、应急物资的过期、应急车辆的闲置等问题。现在的虚拟众储是利用仓储企业、电商企业、生产企业、志愿组织、家庭、个人等社会主体拥有的资源进行储备，在很大程度上节约了成本，保证应急物资的供应。为了调动各个储备主体的积极性，使其承担更多的社会应急责任，应当制定相应的补偿机制，使各个储备主体，最大限度地发挥自己的社会应急能力。

（4）人员培训管理

虚拟众储体系的建立、运行、维护等所有环节都需要由相应的人员来完成。建立初期，需要对申请加入的各众储点进行筛选、评估、实地走访，选择满足要求的众储点，有时甚至需要邀请能够满足要求的众储点加入。虚拟众储体系需要由具备计算机、网络、通信、物流等综合知识的人员进行设计，日后需要专门的技术人员负责整个体系的运营和维护。各众储点成员的培训也是必要的，通过培训保证各众储点作业流程的标准化，保证平时的正常管理，保证应急时的及时出库。因此，虚拟众储是由一群专业人员来共同完成的，这些专业人员通过在技术、信任、沟通、合作等方面的培训，成为虚拟众储点的责任人，调动人员的积极性，增强责任感，使每个成员都愿意为虚拟众储效力。

（5）契约/信任管理

契约是虚拟众储中各级众储点在自愿和信任基础上形成的共享、合作关系，这种关系要求各成员履行契约的规定，保证平时和应急时发挥自己的最大效用。但这种关系又不完全是法律关系，而是基于各众储点之间的诚信，只有建立相互信任的合作伙伴关系，各众储点成员之间实现资源共享、统一管理、集中调度，才能真正实现平时的运行和满足应急时的需要，这也是虚拟众储发挥作用的基础。

（6）思想理念管理

虚拟众储要求各成员及管理者实现管理思想的转变。首先，实现由孤立信息到共享信息的转变。没有建立虚拟众储之前，各众储点的存储数据都是孤立的、封闭的，现在需要保证数据的实时传输和共享。其次，实现平急转换。没有灾害发生时，各众储点按照市场运行机制正常运转，保证应急的安全储备；灾害发生后，将灾前的物资储备、模拟演练和信息储备等全部终止平时的运行状态，按照应急预案立即转换为应急运行状态。再次，实现目标的转换。传统的存储是追求个体成本的节约和收益的增加，以满足第一时间快速救援。最后，实现组织结构的转换。国家储备的管理层次多、流程复杂、组织机构庞大，很难实现上下层之间信息的实时传输和共享，虚拟众储建立的是层次简单化、流程标准化、信息网络化、管理扁平化的组织结构。

（7）模拟演练

为保证虚拟众储应急的快速运行，制定的应急监测预案，不能只停留在理论层面，必须组织相关人员和各级众储点进行实地演练。模拟演练要以属地为核心，设定自然灾害发生后的情境，要求全体人员参加，并按照属地救援的应急预案实地展开模拟救援，并对演练的结果进行评估，进而不断完善属地应急预案。只有定期组织相关人员进行实地模拟演练[159,160]，才能发现问题并及时纠正，完善应急救援预案。

5.3 虚拟众储出救点选择

在前文建立虚拟众储快速响应模式的基础上，本节基于第4章确定的灾区需求预测信息进行出救点（虚拟众储点）的选择。通过考虑众储点的完好性、应急物资种类、运输能力、出库能力、运输路线、运输时间六个影响虚拟众储点选择的因素，并依据这些影响因素，分别建立集中和分散出救点选择模型，获得出救点选择结果，作为第6章属地应急虚拟众储物资综合分发模型的供应点。

5.3.1 虚拟众储出救点

依据 5.2 的叙述，按照属地管理和网格划分的原则，将虚拟众储出救点分为两大类：集中虚拟众储点和分散虚拟众储点。平时应急协调指挥中心对集中虚拟众储点直接进行日常监管，集中虚拟众储点对其周围的分散虚拟众储点进行统一的管理和监督，集中虚拟众储点和分散虚拟众储点在虚拟众储信息平台实现信息共享，正常运行。应急时集中虚拟众储点首先作为出救点，利用其存储的应急物资和运输工具满足灾区的需求，同时分散虚拟众储点将其存储的应急物资和应急运输工具汇集到集中虚拟众储点后再进行物资分配。

5.3.2 出救点选择影响因素分析

（1）众储点的完好性

众储点是距离灾区最近的出救点，只有在众储点完好情况下，才能保证应急物资及时出库，实现快速救援。众储点是属地应急物资储备的重要组成部分，众储点是否完好是属地应急物资储备的关键因素。以往救灾经验表明，灾后灾区对应急物资需求往往是有缺口的，很难在短时间内得到满足，灾后完好的存储点越多，需求缺口越少，灾民能够得到的满足程度越大。属地众储点的完好性是实现快速救援的前提，没有完好的众储点，就无法在第一时间满足灾区需求。这就要求众储点规划设计时需重点考虑抗震因素，平时加强众储点抗震监测，根据实际情况对众储点进行加固，为震后众储点的完好性奠定基础。

（2）应急物资种类

针对不同的灾害，需要储备不同类别的应急物资。当然在不同的救灾阶段所需的应急物资也是不同的，如救灾初期，需要大量饮用水、帐篷、食品、药品、挖掘设备、生命探测仪、道路抢修设备等；救灾后期，需要大量的消毒液、水泥、沙子、钢筋等。同一灾害的不同地区所需应急物资的种类也不完全相同，如 2008 汶川地震后，汶川需要帐篷、药品、粮食等，彭州需要口罩、胶手套、隔离衣、生理药水、止血药、抗生素、双氧水、感冒药等，成都需要洒水车、移动式厕所、吸粪车、移动式净水车、垃圾车、垃圾桶、扫地车、运渣车等。这就需要各个地区根据本地可能发生灾害种类及同种灾害的不同救灾阶段所需应急物资种类，建立相应的虚拟储备，以满足救灾需求。这就要求救灾时根据灾害种类和灾区需求，确定所需应急物资的种类，在虚拟众储信息管理平台搜索能够满足这种物资需求的众储点，并向满足需求的众储点发出调度指令。

（3）运输能力

不同灾害救援需要不同的运输工具，各属地运输工具存储需要结合当地可能发生灾害的种类，如发生洪水后，需要冲锋舟、橡皮艇等运输工具救援；发生地震后，需要无人机、直升机等运输工具向道路损害的灾区救援，道路完好的地区可以选择地面运输工具。根据以往救灾的经验发现单一的运输方式很难实现快速救援，特别是在道路破坏时，以地面运输工具为主的救援就无法实现。同一众储点和不同众储点需要存储不同种类的运输工具，这样才能实现水陆空多运输方式协同立体化投送。运输工具存储能力的大小要结合应急物资存储量，能够保障众储点的运输能力满足运输应急物资的需求，防止出现众储点有大量应急物资，但由于没有足够救灾所需的运输工具，造成应急物资无法运抵灾区。相反，运力储备过量就是浪费。因此，众储点运力储备满足灾害救援需求，且与应急物资存储量相匹配，是实现属地快速救援的保障。

（4）出库能力

众储点存储应急物资和相应运输工具，在道路完好情况下，快速救援的时间受到众储点出库能力的限制。众储点存储物资能否顺利出库，出库的时间长短，作业效率高低，都会影响快速救援时间。如是否能够快速准确找到应急物资的存储位置，这些应急物资是否实现了单元化和标准化的包装，以及出库搬运工具的类型、分拣速度、装车速度、作业流程、应急响应柔性等都会影响出库能力。在平时状态下，存储点应急物资的信息要准确无误，根据应急需求实现包装标准化，并制定合理出库作业流程，不定期进行模拟演练，不断提高出库能力，为快速救援提供保证。

（5）运输路径

众储点存储应急所需的物资及运送这些物资需要的运输工具，还必须考虑灾区道路的状况。道路完好是物资能否顺利运抵灾区的基本条件。灾害发生后，第一时间获得通往灾区地面、空中等多种不同运输路径损害情况，结合灾前路况信息，形成灾后从众储点到受灾点可行的所有路径，为运输方式的选择提供参考依据，缺少这些可靠的路径信息，生成包含应急物资和车辆的优化分发方案很难实现[161]。在选择众储点时，运输路径也是一个必须要重点考虑的因素。

（6）运输时间

自然灾害的突发性和难以预测性，使时间成为救援的关键因素，救援时间越短，造成人员伤亡和财产损失越少。这个时间也就是通常所说的救援黄金时间，比如地震黄金救援时间是 72 小时，超过这个黄金时间段，救援效率大大降低，救灾效果就越差，人员死亡和财产损失会随之变大。从众储点到受灾点的运输时间是救援过程的关键因素，如果从众储点到受灾点的运输距离较远，就会造成运输时间长，甚至超过黄金救援时间。如 2003 年新疆喀什地震，从距离较远的武汉应急物资储备点调运救灾帐篷，共耗时 5 天，远远超出了黄金救援时间。因此在选择存储点时，必须选择距离灾区最近的属地应急物资众储点，只有这种情况下，运输时间才可能比较短，才能保证短时间内将灾区所需的应急物资快速运抵灾民手中，满足快速救援的要求。

5.3.3 出救点选择模型

本部分基于第 4 章的需求预测，研究出救点选择模型，将出救点的选择分为两类：一类是集中众储点，一类是分散众储点。

1. 问题描述

在 5.2 建立的虚拟众储快速响应模式的基础上，对集中众储点和分散众储点进行选择。灾害发生后，依据灾区需求预测模型得出的应急物资的种类和数量，选择满足救援要求的集中众储点和分散众储点。选择满足需求的集中众储点，进行集中众储点物资的分发。同时选择满足需求的分散众储点，将分散众储点的应急物资汇集到集中众储点进行应急物资的分发。

2. 集中众储点选择模型

（1）模型变量说明

M 表示应急物资供应点（集中众储点）的集合，$i \in M$。即 m 个物资供应点（$i = 1, 2, \cdots, m$）；

GZ 表示能够满足救援需求的集中众储点（出救点）数量；

A_i 表示集中众储点是否完好，$A_i = 0$ 表示集中众储点受到损坏，$A_i = 1$ 示集中众储点完好，能正常供应救援物资；

A_{ik} 表示第 A_i 个集中众储点（出救点）是否存在第 k 种应急物资，当 $A_{ik} = k$ 时表示表示第 A_i 个集中众储点存在第 k 种应急物资，否则不存在；

X_{ik} 表示第 A_i 个集中众储点（出救点）存储第 k 种应急物资的数量；

A_{ih} 表示第 A_i 个集中众储点（出救点）是否拥有第 h 种运输方式，当 $A_{ih} = h$ 时表示表示第 A_i 个集中众储点拥有第 h 种运输方式，否则不存在；

J_{ih} 表示第 A_i 个集中众储点（出救点）第 h 种运输方式所拥有运输工具的数量；

V_h 表示第 h 种运输方式的运输速度；

Dis_{ijh} 表示第 A_i 个应急物资集中众储点到第 j 个受灾点的采用第 h 种运输工具的运输距离，可以通过 GIS 或者高德地图得到；

MT_{ik} 表示第 i 个应急物资供应点（集中众储点）第 k 种应急物资的出库能力，出库能力用出库时间表示，数据来源于存储点选择评估和多次演练的平均值；

HT_{max} 表示应急救援要求的集中众储点到受灾点运输时间的最大限制；

MT_{min} 表示集中众储点应急救援出库时间的限制。

（2）目标函数

选择能够满足救援需求的集中众储点（出救点）数量，如式（5-1）所示。

$$GZ = \sum_{i=1}^{m} A_i \qquad (5-1)$$

（3）约束条件

集中众储点（出救点）是否完好，如式（5-2）所示。

$$A_i > 0 \qquad (5-2)$$

在集中众储点（出救点）完好情况下，第 A_i 个集中众储点是否存在第 k 种物资，如式（5-3）所示。

$$A_i A_{ik} = K \qquad (5-3)$$

在集中众储点（出救点）有 k 种救援物资情况下，第 A_i 个集中众储点虚拟众储第 k 种物资的数量大于 0，如式（5-4）所示。

$$A_i X_{ik} > 0 \qquad (5-4)$$

在集中众储点（出救点）在完好情况下，是否拥有第 h 种运输方式，如式（5-5）所示。

$$A_i A_{ih} = h \qquad (5-5)$$

在集中众储点（出救点）有 h 种运输方式情况下，第 A_i 个集中众储第 h 种运输方式的运输工具数量大于 0，如式（5-6）所示。

$$A_i J_{ih} > 0 \tag{5-6}$$

在集中众储点（出救点）在完好情况下，从第 A_i 个集中众储点到受灾点的时间小于最大应急救援时间限制，如式（5-7）所示。

$$A_i \frac{Dis_{ijh}}{V_h} \leqslant HT_{max} \tag{5-7}$$

在集中众储点（出救点）在完好情况下，出库最长时间小于应急救援最小要求的出库时间，如式（5-8）所示。

$$A_i MT_{ik} \leqslant MT_{min} \tag{5-8}$$

（4）模型求解思路

①首先确定集中众储点是否完好。如果不完好，直接将该集中众储点剔除，否则将该众储点作为备选点继续搜索；

②搜索第 A_i 个备选集中众储点是否存储第 k 种物资。如果不存在，直接将该点剔除，否则将该众储点作为备选点继续搜索；

③搜索第 A_i 个备选集中众储点第 k 种物资是否大于 0。如果不大于0，说明该众储点没有该物资，直接将该点剔除，否则将该众储点作为备选点继续搜索；

④搜索第 A_i 个备选集中众储点第 h 种运输工具是否存在。如果没有这种运输工具，就说明该众储点没有应急所需的运输工具，直接将该点剔除，否则将该众储点作为备选点继续搜索；

⑤搜索第 A_i 个备选集中众储点第 h 种运输工具数量是否大于 0。如果不是，说明该众储点的应急物资无法运出，直接将该点剔除，否则将该众储点作为备选点继续搜索；

⑥搜索第 A_i 个备选集中众储点到受灾点的时间是否小于最大应急救援时间限制。如果大于，说明该众储点不能满足应急需求，直接将该点剔除，否则将该众储点作为备选点继续搜索；

⑦搜索第 A_i 个备选集中众储点出库最大时间是否小于应急救援最小要求的出库时间。如果大于说明该众储点不能满足救灾需求，直接将该点剔除，否则将该众储点作为备选点；

⑧输出⑦所有备选点，这些备选点就是满足需求的集中众储点，将这些备选的编号及信息输送给集中的众储物资分发模型。

3. 分散众储点选择模型

（1）模型变量说明

C 表示应急物资分散众储点的集合，$f \in C$，（$f = 1, 2, \cdots, c$）；

FS 表示能够满足需求救援的分散众储点数量；

A_{if} 表示分散众储点是否完好，$A_{if} = 0$ 表示分散众储点受到损坏，$A_{if} = 1$ 表示分散众储点完好，能正常向集中众储点汇集救援物资；

A_{ifk} 表示第 A_{if} 个分散众储点是否存在第 k 种应急物资，当 $A_{ifk} = k$ 时表示第 A_{if} 个分散众储点存在第 k 种物资，否则不存在；

X_{ifk} 表示第 X_{if} 个分散众储点存储第 k 种应急物资的数量；

A_{ifh} 表示第 A_{if} 个分散众储点是否拥有第 h 种运输方式，当 $A_{ifh} = h$ 时表示第 A_{if} 个分散众储点拥有第 h 种运输方式，否则不存在；

J_{ifh} 表示第 A_{if} 个分散众储点第 h 种运输方式所拥有运输工具的数量；

Dis_{ijh} 表示第 A_{if} 个应急物资分散众储点汇集到第 A_i 个集中众储点的第 h 种运输工具的运输距离。可以通过 GIS 或者高德地图得到；

HTH_{max} 表示应急救援分散众储点物资汇集到集中众储点的最大时间限制。

（2）目标函数

选择能够满足需求救援的分散众储点数量，如式（5-9）所示。

$$FS = \sum_{i=1}^{m} \sum_{f=1}^{c} A_{if} \tag{5-9}$$

（3）约束条件

集中众储点（出救点）是否完好，如式（5-10）所示。

$$A_i > 0 \tag{5-10}$$

分散众储点在完好情况下，第 A_{if} 个分散众储点是否存在第 k 种物资，如式（5-11）所示。

$$A_{if} A_{ifk} = K \tag{5-11}$$

分散众储点有第 k 种救援物资情况下，第 A_{if} 个分散众储点第 k 种物资的数量大于 0，如式（5 – 12）所示。

$$A_{if}X_{ifk} > 0 \qquad\qquad (5-12)$$

分散众储点在完好情况下，是否拥有第 h 种运输方式，如式（5 – 13）所示。

$$A_{if}A_{ifh} = h \qquad\qquad (5-13)$$

分散众储点拥有第 h 种运输方式情况下，第 A_{if} 个分散众储点拥有第 h 种运输方式的运输工具数量大于 0，如式（5 – 14）所示。

$$A_{if}J_{ih} > 0 \qquad\qquad (5-14)$$

分散众储点在完好情况下，从分散众储点到集中众储点的时间小于最大应急救援时间限制，如式（5 – 15）所示。

$$A_{if}\frac{Dis_{ijh}}{V_h} \leq HTH_{max} \qquad\qquad (5-15)$$

（4）模型求解思路

①首先确定集中众储点是否完好。如果不完好，直接将该集中众储点周围的分散众储点剔除，否则继续搜索集中众储点周围的分散众储点；

②搜索完好集中众储点周围的分散众储点，确定分散众储点是否完好。如果不完好，直接将该分散众储点剔除，否则将该众储点作为备选点继续搜索；

③搜索第 A_{if} 个分散众储点是否存储第 k 种物资。不存储直接将该点剔除，否则将该众储点作为备选点继续搜索；

④搜索第 A_{if} 个分散众储点第 k 种物资数量是否大于 0。如果不大于 0，说明该众储点没有该物资，直接将该点剔除，否则将该众储点作为备选点继续搜索；

⑤搜索第 A_{if} 个分散众储点第 h 种运输工具是否存在。如果没有这种运输工具，就说明该分散众储点没有应急所需的运输工具，直接将该点剔除，否则将该众储点作为备选点继续搜索；

⑥搜索第 A_{if} 个分散众储点第 h 种运输工具数量是否大于 0。如果不是，说明该众储点的应急物资无法运出，直接将该点剔除，否则将该众储点作为备选点继续搜索；

⑦搜索第 A_{if} 个分散众储点是否满足到集中众储点的汇集时间小于最大应急救援时间限制。如果大于，说明该众储点不能满足应急需求，直接将该点剔除，否则将该众储点作为备选点继续搜索；

⑧输出⑦所有备选点，这些备选点就是满足需求的分散众储点，将这些备选的编号及信息输送给分散众储物资分发模型。

5.4 本章小结

本章主要研究了属地众储物资分配系统三角结构中的虚拟众储部分。通过研究虚拟众储的概念，与国家应急储备相比较虚拟众储的特点和优势。阐述虚拟众储快速响应模式建立的目标、原则和过程，并指出运作管理机制。基于第 4 章的需求预测，利用集中众储点和分散众储点选择模型，在已经建立的虚拟众储中，分别选择满足灾区需求的集中众储点和分散众储点（出救点），为第 6 章的属地众储物资分发提供重要支撑。

6

属地应急虚拟众储物资
综合分发模型构建

基于第 3 章提出的属地应急众储物资分配三角结构，在第 4 章研究需求预测和第 5 章虚拟众储快速响应模式研究的基础上，本章将研究虚拟众储应急物资综合分发模型的构建，即多出救点到多受灾点的属地应急虚拟众储物资综合分发问题。在第 5 章属地虚拟众储快速响应模式的基础上，将（虚拟）众储点，分为集中众储点和分散众储点两类，因此本章将属地应急虚拟众储物资综合分发分为两个阶段。依据灾区需求，动态选择能够满足需求的虚拟众储点，将集中众储点作为出救点，在第一阶段直接进行分发。将分散众储点物资汇集到集中众储点后，结合第一阶段集中众储点分发后剩余的物资，再第二阶段进行分发。综合考虑应急物资供应量、运输工具的种类、受灾点收到应急物资的极限时间、运输工具容量和体积的限制、应急物资最低满足率的要求、道路是否中断、道路的最大流量等因素，建立属地应急虚拟众储物资综合分发模型。

6.1　问题概述及假设

本节对属地应急虚拟众储物资综合分发问题进行详细描述，为保证研究的科学性，对研究问题的假设进行说明。

6.1.1　问题概述

具体描述为：

某一地区发生自然灾害后，该地区有 N 个地方受到不同程度的损伤，灾区周边建有 M 个集中众储点（出救点），每个集中众储点周围有不同数量的分散众储点，如何将灾民最需要的医药、食品、帐篷等应急物资快速送达受灾区。依据第 5 章建立的属地虚拟众储快速响应模式，本书将属地应急虚拟众储物资综合分发模型分为两个阶段，第一阶段是属地集中众储物资分发，第二阶段是属地分散众储物资汇集到集中众储点后，结合第一阶段分发后集中众储点剩余的物资，进行第二阶段的物资分发。属地应急虚拟众储物资分发的网络拓扑结构如图 6-1 所示。

图 6-1 中出救点也叫供应点，本书的出救点是指集中众储点（分散众储点不作为物资分发的供应点，分散众储点应急物资汇集到集中众储点后，再进行分发）。出救点可以是选取的生产企业、仓储企业、电商企业、物流基地、配送中心、各种园区等，负责该集中众储点及周边企业、电商、家庭、个人等分散众储点应急物资的汇集、验收、拣选、组合、包装等。供应点（集中众储点）的选择由 5.3.3 中的集中众储点选择模型得到，汇集的分散众储点，由 5.3.3 中的分散众储点选择模型得到。

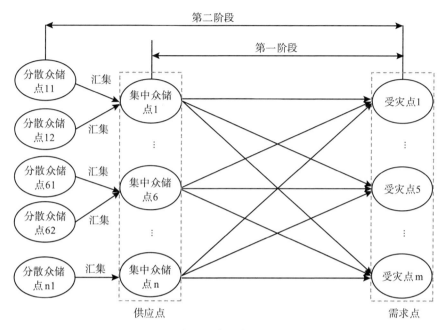

图6-1 众储物资分发网络拓扑结构

受灾点就是需求点，是受到不同程度损伤的 N 个地方，这些地方可以选定为村庄，也可以选定为社区。

在第 5 章属地应急物资虚拟众储快速响应模式分析的基础上，综合考虑灾害救援特点和要求，为灾后第一时间满足灾区需求，实现快速救援，保证救援效率，本书将属地应急虚拟众储物资综合分发模型分为两个阶段：

第一阶段是属地集中众储物资分发，该阶段以时间作为主要考虑要素，不考虑分散众储点物资的汇集，只考虑集中众储点物资的分发，利用的运输工具也是集中众储点储备的运输工具。

第二阶段是属地分散众储物资汇集到集中众储点后进行物资分发。该阶段以公平和损失作为主要考虑要素。在集中众储点应急物资分发后，将分散众储点的应急物资和运输工具汇集到集中众储点，再结合第一阶段集中众储点分发后剩余的应急物资和运输工具，作为第二阶段分发的供应量。再综合考虑灾区最新需求，道路状况等其他因素，进行第二阶段应急物资的分发。

虚拟众储应急物资综合分发是在后方救援物资未送达之前，综合考虑汇集时间、运输工具、道路状况、到达时间等因素，生成将多个供应点应急物资直接（不需要中转）送到多个需求点的分发方案，即供需之间多点对多点的分发方案。

6.1.2　研究假设

本章研究问题的假设条件如下：

①本书研究对象是属地众储物资，是灾前将社会不同所有者的应急物资，利用信息平台整合在一起，建立的虚拟众储。平时通过虚拟众储信息平台进行统一管理，应急时直接转为应急状态，研究的属地众储物资不包括后方国家应急物资。

②众储点存在于平时已经建好的虚拟众储信息平台上，灾后只考虑众储点能否进行正常的物资和运输工具的供应，这些包含两个部分：集中众储点的应急物资和运输工具，分散众储点汇集的应急物资和运输工具。按照第一阶段分发属地集中众储点的物资，不考虑分散众储点的物资，第二阶段分发的是分散众储点汇集到集中众储点的物资和第一阶段集中众储点分发后剩余的物资，属地的范围以满足灾区需求为准，不受地域的限制。

③需求量是利用天空地一体化信息监测系统获得灾情，并进一步预测得到的，这些量随着时间的变化而动态变化。

④出救点和受灾点之间只考虑单向直达运输，不考虑转运和往返。

⑤应急管理部门为了最大限度地满足灾区需求，制定了应急物资的最低保障率，即应急物资实际供应量与灾区需求总量的比值。

⑥为提高运送效率，各种物资的包装和作业采用虚拟存储体系建立

时所制定的标准化，不同种类的应急物资可以混装。各种应急物资的出库能力通过模拟演练可得到。

6.2 属地一阶段集中众储物资分发模型

本节主要研究灾害发生后，后方救援物资没有到达之前，第一阶段属地集中众储点应急物资的分发问题。通过问题描述和相关变量说明，构建救援时间最短为目标函数，综合考虑集中众储点供应量、受灾点需求量、运输工具的种类、重量和体积、运输路线、道路容量、物资满足率等因素的属地一阶段集中众储物资分发模型。

6.2.1 问题说明

灾害发生后，为减少人员伤亡，必须在黄金时间范围内展开救援，时间成了救援的关键，这就要求应急物资必须在第一时间送达灾区。因此，第一个阶段是集中众储点直接向受灾点分发应急物资，考虑的运输工具也只是集中众储点现有的运输工具，分发的应急物资也只是集中众储点存储的应急物资和运输工具，不考虑分散众储点往集中众储点汇集的应急物资和运输工具。这个阶段以应急时间最短为目标（如图 6 – 2 所示）。

6.2.2 变量说明

M 表示应急物资供应点（集中众储点）的集合，$i \in M$。即 m 个物资供应点（$i = 1, 2, \cdots, m$）；

N 表示受灾点（应急物资需求点）的集合，$j \in N$。即 n 个受灾点（$j = 1, 2, \cdots, n$）；

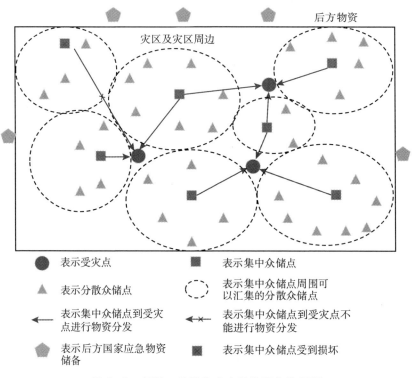

后方物资

灾区及灾区周边

● 表示受灾点　　　　■ 表示集中众储点

▲ 表示分散众储点　　⬭ 表示集中众储点周围可以汇集的分散众储点

← 表示集中众储点到受灾点进行物资分发　　←× 表示集中众储点到受灾点不能进行物资分发

⬠ 表示后方国家应急物资储备　　◼ 表示集中众储点受到损坏

图 6 - 2　属地一阶段集中众储物资分发问题

L 表示运输方式的集合，h∈L（火车、汽车、无人机等）。即 h 种运输方式（h = 1，2，…，l）；

TT 表示应急物资分配的总时间；

Z 表示应急物资种类的集合，k∈Z。即 k 种应急物资（k = 1，2，…，z）；

Dis_{ijh} 表示第 i 个应急物资供应点到第 j 个受灾点的第 h 种运输工具的距离。可以通过 GIS 或者高德地图得到；

R_{ij} 表示第 i 个应急物资供应点到第 j 个受灾点之间道路通行情况，当 R_{ij} = 1 时，表示两点间道路贯通；当 R_{ij} = 0 时，表示两点间道路中断。R = R_{ij} 表示道路贯通与中断的矩阵。道路情况可以根据天空地一体化自然灾害应急监测系统得到；

D_{jk}表示第 j 个受灾点对第 k 种应急物资的需求量。该需求量根据4.3 的应急物资需求预测模型得到；

S_{ik}表示第 i 个应急物资供应点可供分发的第 k 种应急物资数量。该供应量根据5.3 选择的集中众储点得到；

P_i表示自然灾害发生后，第 i 个应急物资供应点是否可以正常供应应急物资，当 $P_i = 1$ 时，表示供应点能正常供应应急物资；当 $P_i = 0$ 时，表示供应点受到损坏，不能正常供应应急物资；

X_{ijk}表示第 i 个应急物资供应点分发到第 j 个受灾点第 k 种应急物资的数量；

U_{ij}表示在同一时间内第 i 个应急物资供应点到第 j 个受灾点路径允许的最大流量；

LT_j表示第 j 个受灾点应急物资需求的极限时间，根据以往发生自然灾害的种类、灾害等级和救灾经验确定；

MT_{ik}表示第 i 个应急物资供应点第 k 种应急物资的出库能力，出库能力用单位物资的出库时间来表示，数据来源依据存储点选择评估和多次演练的平均值；

HT_0表示单位应急物资在供应点 i 和需求点 j 装卸所需的总时间。单位应急物资是指根据应急要求采用标准化的一个包装单元，这个时间是一个定值；

t_{ij}表示从应急物资供应点 i 到需求点 j 运输工具行驶的时间，该时间只与运输距离和运输工具的选择有关；

V_h表示第 h 种运输方式的运输速度；

Q_h表示第 h 种运输方式是否可以选择，运输方式的选择根据自然灾害发生的种类和灾害发生地的交通情况确定（比如发生洪水后火车、汽车就不选择，而选择无人机和船舶。）。当 $Q_h = 1$ 表示第 h 种运输方式可以选择；当 $Q_h = 0$ 表示第 h 种运输方式不能选择；

W_k表示第 k 种应急物资的单元（位）重量；

V_k表示第 k 种应急物资的单元（位）体积；

CW$_h$ 表示第 h 运输方式的单位最大装载重量；

CV$_h$ 表示第 h 运输方式的单位最大装载体积；

J$_{ih}$ 表示第 i 个物资供应点第 h 种运输方式所有的运输工具数量；

e$_k$ 表示第 k 种物资的满足率，该满足率根据以往的救灾和模拟演练确定（国家有规定时服从国家的规定）。

6.2.3　模型构建

（1）目标函数

本阶段考虑第一时间满足灾区需求，达到快速救援的目的，因此选择时间最短作为目标函数。由于该阶段分发的是集中众储点的应急物资（把集中众储点作为供应点），不考虑汇集分散点的应急物资，应急物资汇集时间为 0；运输时间是供应点到受灾点的距离与运输工具速度的比值，出库时间和装卸时间按照每件标准化应急物资所需要的单位时间乘以分发应急物资的数量。

$$总时间 = 运输时间 + 出库时间 + 装卸时间$$

目标函数如式（6-1）所示：

$$\min TT = \sum_{i=1}^{m} \sum_{j=1}^{n} \sum_{k=1}^{z} (t_{ij} + MT_{ik}X_{ijk} + HT_0 X_{ijk})$$

$$= \sum_{i=1}^{m} \sum_{i=1}^{n} \sum_{k=1}^{z} \sum_{h=1}^{l} \left(\frac{Dis_{ijh}R_{ij}}{V_h Q_h} + MT_{ik}X_{ijk} + HT_0 X_{ijk} \right)$$

$$(6-1)$$

（2）约束条件

供应量的限制：每个供应点存储应急物资的种类和数量是有限的，供应点（集中众储点）对受灾点应急物资分发的总量不能超过供应点最大存储量，如式（6-2）所示。

$$\sum_{j=1}^{n} X_{ijk} \leqslant S_{ik} \qquad (6-2)$$

如果灾后集中储备点受到损坏，就不能作为出救点，这里考虑灾后供应点能否进行应急物资正常供应的约束，如式（6-3）所示。

$$\sum_{j=1}^{n} X_{ijk} \leqslant P_i S_{ik} \qquad (6-3)$$

其中 $i = 1, 2, \cdots, m$；$k = 1, 2, \cdots, z$。

需求量的限制：灾后应急物资的供应量不能超过受灾点对应急物资的最大需求量，供应点需要最大限度地满足灾区各受灾点的应急物资需求，如式（6-4）所示。

$$\sum_{i=1}^{m} X_{ijk} \leqslant D_{jk} \qquad (6-4)$$

其中 $j = 1, 2, \cdots, n$；$k = 1, 2, \cdots, z$。

流量限制：灾后通往灾区的道路由于流量过大容易造成拥堵，从供应点到受灾点各运输路径的救灾物资运输总量不超过道路的最大流量限制，如式（6-5）所示。

$$\sum_{k=1}^{z} X_{ijk} \leqslant U_{ij} \qquad (6-5)$$

其中 $i = 1, 2, \cdots, m$；$j = 1, 2, \cdots, n$。

极限时间的限制：国家对于灾后救援时间是有要求的，各受灾点对于救援的时间要求是不同的，灾后运抵受灾点的物资需要满足极限时间的限制，如式（6-6）所示。

$$\max\left\{ \sum_{k=1}^{z} \left(\frac{Dis_{ijh} R_{ij}}{V_h Q_h} + MT_{ik} X_{ijk} + HT_0 X_{ijk} \right) \right\} \leqslant LT_j \qquad (6-6)$$

其中 $i = 1, 2, \cdots, m$；$j = 1, 2, \cdots, n$；$h = 1, 2, \cdots, l$。

运输工具容量的限制：每个供应点存储运输工具的种类和数量是有限的，因此运输工具运送应急物资的容量也是有限制的，每个供应点分发应急物资的体积不能超过每个供应点运输工具的最大容量，如式（6-7）所示。

$$\sum_{j=1}^{n} \sum_{k=1}^{z} X_{ijk} V_k \leqslant \sum_{h=1}^{l} J_{ih} CV_h \qquad (6-7)$$

其中 $i = 1, 2, \cdots, m$；$j = 1, 2, \cdots, n$；$h = 1, 2, \cdots, l$。

运输工具重量的限制：每个供应点存储运输工具的种类和数量是有限的，因此运输工具运送应急物资的重量也是有限制的，每个供应点供应应急物资的重量不能超过运输工具的最大重量，如式（6-8）所示。

$$\sum_{j=1}^{n}\sum_{k=1}^{z}X_{ijk}W_{k} \leqslant \sum_{h=1}^{l}J_{ih}CW_{h} \qquad (6-8)$$

其中 $i=1,2,\cdots,m$；$j=1,2,\cdots,n$；$h=1,2,\cdots,l$。

最低保障的限制：各个供应点运抵灾区的应急物资不能低于事先规定的物资最低保障，最低保障是指灾区对第 k 种物资的需求与该种物资最低保障率的乘积，如式（6-9）所示。

$$\sum_{i=1}^{m}X_{ijk} \geqslant e_{k}D_{jk} \qquad (6-9)$$

其中 $j=1,2,\cdots,n$；$k=1,2,\cdots,z$。

非负约束：即所有的分发量均是正数，如式（6-10）所示。

$$X_{ijk} \geqslant 0 \qquad (6-10)$$

$i=1,2,\cdots,m$；$j=1,2,\cdots,n$；$k=1,2,\cdots,z$；$h=1,2,\cdots,l$。

6.2.4　模型求解

1. 求解原则

本书研究问题是：考虑多供应点、多受灾点（需求点）、多种类物资、多种运输方式的属地众储物资分发问题，求解过程十分复杂，下面结合 matlab 代码，阐述求解过程遵循的原则：

①物资的分发分为两个部分：第一部分是最低满足率要求满足的物资，需要首先得到满足；第二部分是剩余需求的物资，在第一部分物资全部分发完成后，再考虑第二部分物资的分发。

第一部分最低需求物资分发量：wu_que_now = ceil(data_need. * e)；

第二部分剩余需求物资分发量：wu_que_now_2 = data_need - wu_que_now。

其中，data_need 为受灾点对各类物资的需求量；e 为各类物资的最低满足率。

②不同种类物资的分发原则按照每种物资的最低满足率排序。最低

满足率越大的物资优先被分发，其次是最低满足率较大的物资，最后分发的物资是最低满足率最小的物资。

不同种类物资的分发顺序 wu_as：$[\sim, wu\_as] = sort(e, 'descend')$。

其中，descend 的含义是从高到低排列。

③不同种类物资的装车原则也是按照每种物资的最低满足率排序，即最低满足率越大的物资优先被装车，其次是最低满足率较大的物资，最后装车的物资是最低满足率最小的物资。

④对于同一个供应点—受灾点之间，运输工具的装车顺序按照时间从小到大排序，即优先安排时间短的运输工具进行装车，然后安排时间次短的运输工具装车，直至所有分发的物资都完成装车或者所有运输工具都装载完。

供应点 i 到受灾点 j 在第 z 种运输方式下的运输时间：$tt\_xu(z) = prov\_need\_road(i, j, z)/v(z)$；

同一条运输路线下，运输工具装车顺序 tt_xu $= [\sim, tt\_xu] = sort(tt\_xu)$。

其中，$prov\_need\_road(i, j, z)$ 为供应点 i 到受灾点 j 在第 z 种运输方式下的距离；$v(z)$ 为运输方式 z 的平均行驶速度。

⑤不同种类的物资允许混装。为了充分利用运输工具的空间和载重，某种物资装完后，允许同一条运输路线的其他种类物资继续装载。

根据以上的原则，按照下面求解思路解决多供应点、多受灾点、多种物资、多种运输方式的应急物资分发问题。

2. 求解思路

结合 matlab 代码，阐述分发方案的求解思路描述如下：

①输入初始值：集中众储点应急物资储备量 data_prov1，第一阶段受灾点应急物资需求量 data_need1，集中众储点到受灾点在不同运输方式下的路径距离 prov_need_road1，集中众储点到受灾点在不同运输方式下的道路限制 prov_need_xian1，各种应急物资的重量、体积、最低满足率 weight_t_m1，集中众储点运输工具储备量 chubei1，各种运输工具的

载重量、体积、速度 che_xian1，各种应急物资的出库能力 out_wu1，各种物资的装卸时间 zhuang_wu1，第一阶段各受灾点应急物资需求的极限时间 time_xin1。

②获取重要初始值的参数。从初始值中得到重要参数（如表 6 - 1 所示）：

表 6 - 1 集中众储分发下初始值参数

含义	表达
集中众储点个数	lent_prov1 = size(data_prov1，1)
集中众储分发下受灾点个数	lent_need1 = size(data_need1，1)
集中众储分发下应急物资种类数	lent_wu1 = size(data_need1，2)
集中众储分发下运输工具的类型	lent_che1 = size(che_xian1，1)
集中众储分发下变量个数	Lizisize1 = lent_need1 * lent_prov1 + lent_need1

③确定受灾点分发的顺序。从染色体中提取受灾点的分发顺序：now_xu_need1 = luji(lent_need1 * lent_prov1 + 1：lizisize1)。

其中，luji 为种群中的一个染色体。

④确定每个受灾点集中众储分发下所对应的供应点顺序。从染色体中提取供应点的顺序：now_xu_prov1 = luji[(j - 1) * lent_prov1 + 1：j * lent_prov1]。

⑤分发集中众储第一部分最低需求物资。在③和④完成后，通过受灾点和供应点的循环，可以得到在某个受灾点和某个供应点间的第一部分物资分发结果。首先判断受灾点 j 对第一部分所有种类物资大于 0 时（sum(wu_que_now1_1(j,:)) > 0），需要对受灾点 j 分发物资。对应急物资种类（z = 1：lent_wu1）循环，如果受灾点 j 对物资 z 的最低满足量≤供应点 i（集中众储点）当前物资 z 可供给量（if wu_que_now1_1（j, z)≤now_prov1(i, z)），那么受灾点 j 对物资 z 的最低满足量全部得到满足，即第一部分最低需求物资（znow_need1(i, z) = wu_que_now1_

1(j, z)）；否则，供应点 i（集中众储点）当前拥有的物资 z 全部分发给受灾点 j（znow_need1(i, z) = now_prov1(i, z)）。

物资种类循环，直到该供应点—受灾点下的所有物资类型都分发完成为止，结束物资种类循环。供应点和受灾点的循环结束后，第一部分最低需求物资分发完成。

⑥集中众储第一部分最低需求物资的装车。物资的装车顺序按照最低满足率从大到小排序。对运输方式 z 装车（tt_xu）循环，如果供应点 i 的运输方式 z 的剩余数量与该条路线允许通过运输方式 z 数量的最小值大于 0（ll_min = min([now_chubei1(i, z)prov_need_xian1(i, j, z)]) > 0），那么对该类型车的数量依次循环装车，如果集中众储第一部分物资有尚未装车的，那么确定该物资的种类，并且计算装完该部分物资所需要的重量和体积，如果装车后，车的重量和体积未超过车的载重和容量限制，则可以装车，否则，则在前一辆车装满后，更新一辆车继续装载物资，直至将分发的集中众储第一部分物资都装载完成。

⑦分发集中众储第二部分剩余需求物资，即集中众储第一部分最低满足率要求满足应急物资分发后，集中众储点剩余的物资，分发方式和过程同⑤。

⑧集中众储第二部分剩余需求物资的装车。装车的方式和过程同⑥。

⑨各受灾点时间的计算。时间 = 运输时间 + 出库时间 + 装卸时间，总时间为各受灾点时间之和（$\sum_{i=1}^{m} \sum_{j=1}^{n} \sum_{k=1}^{z} (t_{ij} + MT_{ik}X_{ijk} + HT_0X_{ijk})$）。如果集中众储分发下存在某个受灾点的时间超过该受灾点的极限时间（max(time_all(j,:)) > time_xin1(j)），则对总时间进行惩罚，总时间 f_i 等于一个极大数。

⑩集中众储第一部分最低满足率的应急物资满足情况判断。如果第一部分最低需求物资全部得到满足，则总时间结果同⑨计算结果，否则对总时间进行惩罚，总时间等于一个极大数。

集中众储分发求解思路流程图如图 6 - 3 所示。

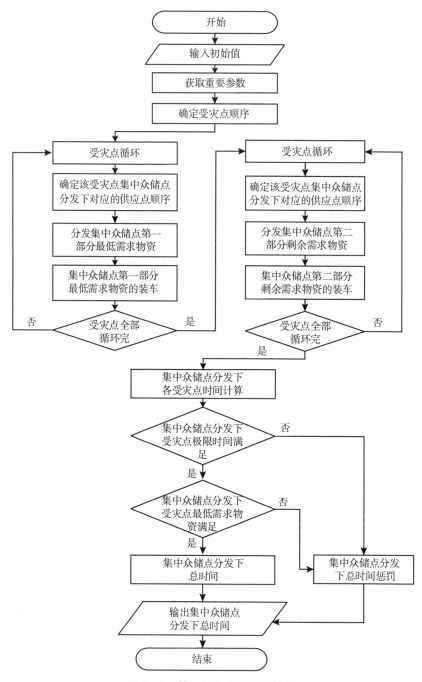

图 6 - 3　第一阶段求解思路流程

3. 遗传算法设计

（1）编码

在遗传算法中染色体是求解问题解的一种表现形式。一般情况下，一条染色体对应着一个候选方案，对染色体采用十进制或者二进制编码方式。但由于多供应点、多受灾点、多物资种类、多运输方式的物资分发问题求解难度较大，这里采用十进制编码方式，染色体编码方式如表6-2所示。

表6-2　　　　　　　　　　　　　　染色体编码方式

m 位	m 位	……	m 位	n 位
供应点号	供应点号	……	供应点号	受灾点号

n指受灾点个数，m指供应点个数。染色体一共有n+1段，前n段分别有m个基因位，是由1~m的随机自然数排列而成，表示供应点的供给顺序；最后第一段有n位，是由1~n的自然数排列而成，表示受灾点的排列顺序。染色体的总长为 m * n + n。

例如，自然灾害发生后，有5个受灾点等待物资救援，在灾区附近有3个供应点作为物资出救点，则有如下的染色体：2-1-3-3-2-1-1-2-3-3-2-1-3-1-2-4-2-3-5-1，根据前文，染色体一共有6段，染色体的总长为20，那么染色体的第1段有3位，为2-1-3，每一段供应点顺序与每个受灾点对应。可见，前5段都是供应点1-2-3的排列，第6段是受灾点1-2-3-4-5的排列，关系如表6-3所示：

表6-3　　　　　　　　　　受灾点与供应点顺序对应的关系

受灾点	供应点
1	2 1 3
2	3 2 1
3	1 2 3

续表

受灾点	供应点
4	3 2 1
5	3 1 2

第6段有5位，为42351，每一位表示1个受灾点，数字顺序表示受灾点分发物资顺序的先后，因此受灾点4第一个被分发物资，接着是2，依此类推。然后，染色体的第4段为321，表示供应点对受灾点4的分发顺序，所以供应点3首先分发物资到受灾点4，接着是供应点2，最后是供应点1。因此，整个物资分发的过程为，受灾点4（3 2 1）→受灾点2（3 2 1）→受灾点3（1 2 3）→受灾点5（3 1 2）→受灾点1（2 1 3）。

（2）初始种群的产生

遗传算法是从问题解的种群开始搜索，所以要生成一个由若干个染色体组成的初始种群作为进化的起点。初始种群的生成主要需要确定种群规模大小，种群规模是指种群中的染色体数。种群规模会直接影响遗传算法的运算性能，如果规模太小容易出现样本不充足的情况，会导致搜索结果不好，但如果规模太大会导致计算量过于庞大，出现收敛速度较慢的情况。初始种群规模根据问题的维数和难度来确定，一般维数和难度越高初始种群规模应该越大。

按照上面的编码原则，用如下代码实现初始种群的产生：

```
for i = 1:popsize
    for j = 1:lent_need
        population(i,lent_prov*(j-1)+1:lent_prov*j) = randperm(lent_prov);
    end
    population(i,lent_prov*lent_need+1:lizisize) = randperm(lent_need);
end
```

其中，popsize 是种群大小，lent_need 是受灾点数量，lent_prov 是供应点数量，population 是初始种群矩阵。

（3）适应度函数

适应度函数被用来评价染色体的优劣，也就是染色体适应环境能力的大小。适应度越高的染色体越有可能被保留下来，不被淘汰，并将优秀的基因传递给下一代。适应度函数是求的最大值，而且是正数。一般情况下，适应度函数是由目标函数或者目标函数的转变形式转换而成。当目标函数是负数时，需要乘以 -1 转变成整数；当目标函数是求最小值时，需要通过对目标函数求倒数，转换成适应度函数。第一阶段的目标是求应急总时间的最小值，则适应度函数为式（6-11）：

$$\text{Fit}_1(x) = \begin{cases} \dfrac{1}{f(x)}, & \text{分发方案满足约束} \\[2mm] \dfrac{1}{1\,000}, & \text{否则} \end{cases} \qquad (6-11)$$

其中，$f(x)$ 表示第 x 个染色体的目标函数值，即第 x 个染色体的应急总时间。

（4）罚函数

本阶段要解决的问题是一个有多个约束条件的优化问题，在模型中考虑了物资种类和数量的约束、车辆数量的约束、重量及体积的约束、最低满足率的约束、每个受灾点的时间约束等。这里引入罚函数，将约束转变为无约束问题。在（3）步求解适应度函数时就应用了罚函数，即将不满足约束的分发方法赋予一个较大的值，使其适应度降低，从而不被选择，如式（6-12）所示：

$$f(x) = \begin{cases} \sum_i \sum_j \sum_k (t_{ij} + MT_{ik}X_{ijk} + HTX_{ijk}), & \text{分发方案满足约束} \\[2mm] 1\,000, & \text{否则} \end{cases}$$

$$(6-12)$$

其中，1 000 远远大于应急总时间的值。

（5）遗传操作

遗传操作主要采用选择、交叉、变异及终止操作：

①选择。这里采用轮盘赌法选择染色体。首先计算每个染色体被选择的概率为 $p(x) = f(x) / \sum f(x)$，其中 $f(x)$ 表示第 x 个染色体的适应度值，适应度值 $f(x) \geqslant 0$。染色体的累计概率为 $\sum f(x)$。随机生成任意小数，从第一个染色体开始判断，找到第一个染色体累计概率大于该小数的染色体，即为要选择的染色体，很明显染色体的适应度值越大，则被选择的概率也就越大。这里选择两个染色体用于后续的计算。

②交叉。这里采用双区域交叉，并以一定的交叉概率 pcrossover 发生交叉。若随机生成的小数小于交叉概率时发生交叉操作：随机生成两个受灾点的顺序，将选择的两个染色体当中受灾点所对应的供应点顺序交叉互换，生成两个新的染色体；若随机生成的小数不小于交叉概率时不发生交叉操作。

③变异。这里采用区位变异，即在一定的概率范围内对染色体的某些区位交叉互换。若随机生成的小数小于变异概率 pmutation 时发生变异操作：当随机生成的小数小于某一给定的概率值时，将染色体的某个受灾点中的两个供应点的顺序交换变异；否则，只将染色体的某两个受灾点的位置发生交换变异。

④终止。根据本书设定的最大遗传代数，当迭代到最大遗传代数时就终止计算，选择出其中适应度值最大染色体所产生的物资分发方案作为最优解。

通过对初始种群的选择、交叉、变异，产生新一代的种群。重复此过程，直到达到终止条件，最优的分发方案。

6.3 属地二阶段分散众储物资分发模型

本节主要研究灾害发生后，后方救援物资没有到达之前，第一阶段集中众储点应急物资已经分发后，依据灾区最新需求，将分散众储点的应急物资和运输工具向集中众储点进行汇集后再分发的过程，该过程以公平和损失为目标函数，综合考虑集中众储点汇集后的供应量、受灾点最新需求量、汇集后运输工具种类和数量、运输工具重量和体积、变化后的运输路线和道路容量，以及受灾点最新满足率等因素作为约束条件，建立属地二阶段分散众储物资分发模型。

6.3.1　问题说明

第二阶段是属地分散众储物资汇集到集中众储点后的物资分发过程。这一阶段也不考虑后方救援物资是否到达，考虑分散众储点汇集的应急物资和运输工具。分散众储点的应急物资和运输工具汇集到集中众储点以后，综合考虑汇集量和第一阶段分发后的剩余量再进行第二阶段的分发（即供应量扣除了已经分发的量）。第二阶段中，灾区的需求也发生了变化，表现在随着灾情的变化需求进行重新预测，灾区净需求是从最新预测的需求中扣除已经到达灾区的应急物资（如图6-4所示）。

6.3.2　变量说明

S'_{ik}表示集中众储点第一阶段分发物资后，第 i 个供应点（集中众储点）众储点剩余的第 k 种应急物资，如式（6-13）所示：

$$S'_{ik} = S_{ik} - \sum_{j=1}^{n} X_{ijk} \qquad (6-13)$$

其中 i = 1，2，…，m；k = 1，2，…，z。

A_{ifk}表示第 i 个应急物资集中众储点从第 f 个分散众储点汇集的第 k 种应急物资的数量；

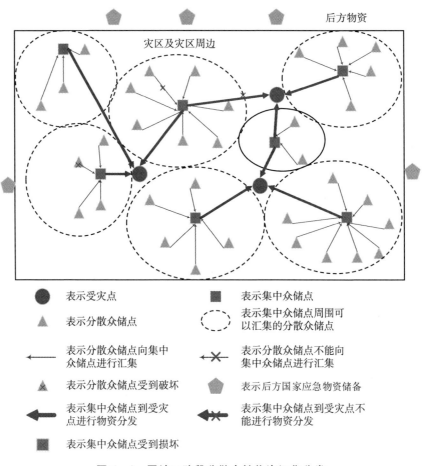

图 6 - 4　属地二阶段分散众储物资汇集分发

S''_{ik}表示第 i 个供应点（集中众储点）汇集后当前的 k 种物资的数量。即集中众储点第一阶段分发物资后，第 i 个供应点（集中众储点）剩余的 k 种物资量与从第 f 个分散众储点汇集的第 k 种物资量之和，如式（6 - 14）所示：

$$S''_{ik} = S'_{ik} + \sum_{f=1}^{c} A_{ifk} \qquad (6 - 14)$$

其中 i = 1, 2, …, m; k = 1, 2, …, z。

C 表示应急物资分散众储点的集合，f ∈ C, (f = 1, 2, …, c);

GP 表示公平分发系数；

SS 表示损失系数；

HJ_{fi} 表示从分散众储点 f 到集中众储点 i 汇集的时间；

P'_f 表示集中众储点物资分发后，第 i 个分散众储点是否可以正常汇集应急物资的情况。当 $P'_f = 1$ 时，表示分散众储点能正常汇集应急物资；当 $P'_f = 0$ 时，表示供应点受到损坏，不能正常汇集应急物资；

U'_{ij} 表示集中众储点物资分发后，在同一时间内第 i 个供应点（集中众储点）到第 j 个受灾点允许的最大流量；

X'_{ijk} 表示第二阶段第 i 个应急物资供应点分发到第 j 个受灾点第 k 种应急物资的数量；

Dis'_{ijh} 表示第 i 个应急物资供应点到第 j 个受灾点的第 h 种运输工具行驶的距离。灾害发生一段时间后，道路状况信息就会发生变化，（比如有的道路已经修通，有的道路受到余震的破坏无法通行），新的道路情况可以通过 GIS 或者高德地图得到；

D'_{jk} 表示经过集中众储点应急物资分发后，通过收集到的灾区信息预测第 j 个受灾点对第 k 种应急物资的需求量。该需求量根据 4.3 的应急物资需求预测模型得到；

D''_{jk} 表示经过集中众储点应急物资分发后第 j 个受灾点对第 k 种应急物资的需求量，如式（6 – 15）所示：

$$D''_{jk} = D'_{jk} - \sum_{i=1}^{m} X_{ijk} \qquad (6-15)$$

其中 j = 1，2，…，n；k = 1，2，…，z。

当 $D''_{jk} \leq 0$ 时，灾区的物资需求已经得到满足，不再给灾区分发应急物资；

当 $D''_{jk} > 0$ 时，灾区的物资需求未得到满足，需要进行应急物资分发；

LT'_j 表示第二阶段分散众储物资分发时，第 j 个受灾点应急物资需求的极限时间，根据以往发生自然灾害的种类、灾害等级和救灾经验确定；

B_{ih}表示第 i 个供应点（集中众储点）汇集周边分散众储点第 h 种运输工具的数量；

J'_{ih}表示第一阶段已经分发物资使用的运输工具；

J''_{ih}表示第二阶段可以使用的运输工具，即第二阶段由分散点汇集的运输工具与第一阶段分发后剩余的运输工具之和，如式（6-16）、式（6-17）所示：

$$J''_{ih} = J_{ih} - J'_{ih} + B_{ih} \qquad (6-16)$$

$$J'_{ih} = \max\left\{ \frac{\sum_{j=1}^{n} \sum_{k=1}^{z} X_{ijk}V_k}{CV_h}, \frac{\sum_{j=1}^{n} \sum_{k=1}^{z} X_{ijk}W_k}{CW_h} \right\} \qquad (6-17)$$

其中 i = 1，2，…，m；h = 1，2，…，l。

ek′表示集中众储点应急物资分发后，分散众储点汇集后应急物资分发时，第 k 种应急物资的满足率，该满足率根据以往的救灾和模拟演练确定（如果国家有规定时首选国家的规定）。

6.3.3　模型构建

（1）目标函数

在第一阶段属地集中众储物资分发后，第一时间满足了灾区的基本需求。第二阶段要考虑各个受灾点实现公平救援，同时使各受灾点的损失最小。因此第二阶段选择公平和损失两个目标函数。

公平性体现在受灾点需求量与所有供应点的总供应量的比值和各受灾点分发的物资总量与受灾点需求量比值的差值。

公平分发，如式（6-18）所示：

$$\text{minGP} = \sum_{k=1}^{z} \sum_{j=1}^{n} \left(\frac{D''_{jk}}{\sum_{i=1}^{m} S''_{ik}} - \frac{\sum_{i=1}^{m} X'_{ijk}}{D''_{jk}} \right)^2 \qquad (6-18)$$

损失函数体现灾区需求的满足程度，即在受灾点对应急物资的需求量和分发给灾点的物资量进行比较。

损失函数，如式（6-19）所示：

$$minSS = \sum_{k=1}^{z} \sum_{j=1}^{n} \frac{(D''_{jk} - \sum_{i=1}^{m} X'_{ijk})^{\alpha}}{D''_{jk}{}^{\alpha}} \qquad (6-19)$$

（2）约束条件

供应量的限制：每个供应点分发后剩余的应急物资和从分散众储点汇集应急物资的种类和数量是有限的，供应点对受灾点应急物资分发的总量不能超过供应点现有的物资量，如式（6-20）所示。

$$\sum_{j=1}^{n} X'_{ijk} \leqslant S''_{ik} = S'_{ik} + \sum_{f=1}^{c} A_{ifk} = S_{ik} - \sum_{j=1}^{n} X_{ijk} + \sum_{f=1}^{c} A_{ifk} \qquad (6-20)$$

如果灾后分散众储点受到损坏，分散众储点的应急物资就不能汇集，这里考虑灾后分散众储点能否进行应急物资正常汇集的约束，如式（6-21）所示。

$$\sum_{j=1}^{n} X'_{ijk} \leqslant S'_{ik} + P'_f \sum_{f=1}^{c} A_{ifk} = S_{ik} - \sum_{j=1}^{n} X_{ijk} + P'_f \sum_{f=1}^{c} A_{ifk} \qquad (6-21)$$

其中 $i = 1, 2, \cdots, m$；$k = 1, 2, \cdots, z$。

需求量的限制：灾后应急物资的供应量不能超过受灾点对应急物资的最大需求量，供应点需要最大限度的满足灾区各受灾点对应急物资需求，如式（6-22）所示。

$$\sum_{i=1}^{m} X'_{ijk} \leqslant D''_{jk} = D'_{jk} - \sum_{i=1}^{m} X_{ijk} \qquad (6-22)$$

其中 $j = 1, 2, \cdots, n$；$k = 1, 2, \cdots, z$。

流量限制：灾后通往灾区的道路由于流量过大容易造成拥堵，从供应点到受灾点各运输路径的救灾物资运输总量不超过道路的最大流量限制，如式（6-23）所示。

$$\sum_{k=1}^{z} X'_{ijk} \leqslant U'_{ij} \qquad (6-23)$$

其中 $i = 1, 2, \cdots, m$；$j = 1, 2, \cdots, n$。

极限时间的限制：国家对于灾后救援时间是有要求的，各受灾点对于救援的时间要求是不同的，灾后运抵受灾点的物资需要满足极限时间的限制，如式（6－24）所示。

$$\max\left\{\sum_{k=1}^{z}\left(\max(HJ_{fi}) + \frac{Dis_{ijh}R_{ij}}{V_h Q_h} + MT_{ij}X'_{ijk} + HT_0 X'_{ijk}\right)\right\} \leqslant LT'_j$$

$$(6-24)$$

其中 $i = 1, 2, \cdots, m$；$j = 1, 2, \cdots, n$；$h = 1, 2, \cdots, l$。

运输工具容量的限制：每个供应点第一阶段分发后剩余的运输工具和从分散众储点汇集的运输工具是有限的，因此供应点到受灾点使用运输工具的总容量不能超过供应点现有运输工具的总容量，如式（6－25）所示。

$$\sum_{j=1}^{n}\sum_{k=1}^{z}X'_{ijk}V_k \leqslant \sum_{h=1}^{l}J''_{ih}CV_h = \sum_{h=1}^{l}(J_{ih} - J'_{ih} + B_{ih})CV_h$$

$$= \sum_{h=1}^{l}\left(J_{ih} - \max\left\{\frac{\sum_{j=1}^{n}\sum_{k=1}^{z}X_{ijk}V_k}{CV_h}, \frac{\sum_{j=1}^{n}\sum_{k=1}^{z}X_{ijk}W_k}{CW_h}\right\} + B_{ih}\right)CV_h$$

$$(6-25)$$

其中 $i = 1, 2, \cdots, m$；$j = 1, 2, \cdots, n$；$h = 1, 2, \cdots, l$。

运输工具重量的限制：每个供应点第一阶段分发后剩余的运输工具和从分散众储点汇集的运输工具是有限的，因此供应点到受灾点使用运输工具的总装载重量不能超过现有运输工具的总重量，如式（6－26）所示。

$$\sum_{j=1}^{n}\sum_{k=1}^{z}X'_{ijk}W_k \leqslant \sum_{h=1}^{l}J''_{ih}CW_h = \sum_{h=1}^{l}(J_{ih} - J'_{ih} + B_{ih})CW_h$$

$$= \sum_{h=1}^{l}\left(J_{ih} - \max\left\{\frac{\sum_{j=1}^{n}\sum_{k=1}^{z}X_{ijk}V_k}{CV_h}, \frac{\sum_{j=1}^{n}\sum_{k=1}^{z}X_{ijk}W_k}{CW_h}\right\} + B_{ih}\right)CW_h$$

$$(6-26)$$

其中 $i = 1, 2, \cdots, m$；$j = 1, 2, \cdots, n$；$h = 1, 2, \cdots, l$。

最低保障的限制：各个受灾点运抵灾区的物资不低于事先规定的物资最低保障，最低保障是指灾区对第 k 种物资的需求与该种物资最低保障率的乘积，如式（6-27）所示。

$$\sum_{i=1}^{m} X'_{ijk} \geq e'_k D''_{jk} \qquad (6-27)$$

其中 j = 1，2，…，n；k = 1，2，…，z。

非负约束即所有的分发量均是正数，如式（6-28）所示。

$$X'_{ijk} \geq 0 \qquad (6-28)$$

其中 i = 1，2，…，m；j = 1，2，…，n；k = 1，2，…，z；h = 1，2，…，l。

6.3.4　模型求解

第二阶段属地分散的众储物资分发模型的求解，在求解原则和遗传算法设计上同第一阶段集中众储物资分发模型的求解思路是相同的，因此本部分对求解原则不做阐述，只说明双目标处理和求解思路，遗传算法设计中只说明不同的适应度函数和罚函数。

1. 双目标处理

属地分散众储物资分发模型是以公平分发和损失函数双目标建立模型。为了求解该物资分发优化模型，首先需要解决双目标优化的问题。一般情况下，解决双目标优化的问题是先转化成单目标优化问题处理。该过程常用的方法很多，本书采用线性加权求和法。线性加权求和法是整合评价结果常用的一种手段。根据各目标函数的相对重要性，分别赋予一个权系数，然后累加求和得出单个目标函数。例如，该问题中的目标函数分别为：

公平分发，如式（6-29）所示。

$$\min GP = \sum_{k=1}^{z} \sum_{j=1}^{n} \left(\frac{D''_{jk}}{\sum_{i=1}^{m} S''_{ik}} - \frac{\sum_{i=1}^{m} X'_{ijk}}{D''_{jk}} \right)^2 \qquad (6-29)$$

损失函数，如式（6-30）所示。

$$minSS = \sum_{k=1}^{z} \sum_{j=1}^{n} \frac{(D''_{jk} - \sum_{i=1}^{m} X'_{ijk})^{\alpha}}{D''_{jk}{}^{\alpha}} \qquad (6-30)$$

那么线性加权求和后转变成单目标为式（6-31）所示。

$$F = \omega_1 GP + \omega_2 SS$$

$$= \omega_1 \sum_{k=1}^{z} \sum_{j=1}^{n} \left(\frac{D''_{jk}}{\sum_{i=1}^{m} S''_{ik}} - \frac{\sum_{i=1}^{m} X'_{ijk}}{D''_{jk}} \right)^2 + \omega_2 \sum_{k=1}^{z} \sum_{j=1}^{n} \frac{(D''_{jk} - \sum_{i=1}^{m} X'_{ijk})^{\alpha}}{D''_{jk}}$$

$$(6-31)$$

其中，$\omega_1 + \omega_2 = 1$。在线性加权求和法的过程中一个重要的问题是如何给各子目标函数分发恰当的权重，目前主要存在的分发权重的方法有主观赋权法、客观赋权法和综合赋权法。

2. 求解思路

分发方案的求解思路描述如下：

①输入初始值：分散众储点应急物资汇集量与集中众储点分发后剩余量之和（第二阶段新的供应量）data_prov2，集中众储点应急物资分发后受灾点应急物资新的需求量 data_need2，集中众储点到受灾点不同运输方式下新路径的运输距离 prov_need_road2，集中众储点到受灾点在不同运输方式下新的道路流量限制 prov_need_xian2，各种物资的重量、体积、新的最低满足率 weight_t_m2，分散众储点运输工具汇集量与集中众储点分发后剩运输工具量之和 chubei2，各种运输工具的载重量、体积、速度 che_xian2，各种物资的出库能力 out_wu2，各种应急物资的装卸时间 zhuang_wu2，分散众储分发下各受灾点的极限时间 time_xin2。

②获取重要初始值的参数。从初始值中得到重要参数，如表6-4所示。

表6-4 分散众储分发下初始值参数

含义	表达
分散众储分发下集中众储点个数	lent_prov2 = size(data_prov2，1)
分散众储分发下受灾点个数	lent_need2 = size(data_need2，1)
分散众储分发下应急物资种类数	lent_wu2 = size(data_need2，2)
分散众储分发下运输工具的类型	lent_che2 = size(che_xian，1)
分散众储分发下变量个数	Lizisize2 = lent_need2 * lent_prov2 + lent_need2

③确定分散众储分发下受灾点顺序。从染色体中提取受灾点的分发顺序：now_xu_need2 = luji（lent_need2 * lent_prov2 + 1：lizisize2）。

其中，luji 为种群中的一个染色体。

④确定分散众储分发下每个受灾点所对应供应点（集中众储点）的顺序。从染色体中提取供应点的分发顺序：now_xu_prov2 = luji((j-1) * lent_prov2 + 1：j * lent_prov2)。

⑤分发分散众储第一部分最低需求物资。在③和④完成后，通过受灾点和供应点的循环，可以得到在某个受灾点和某个供应点下的第一部分应急物资分发结果。首先判断受灾点 j 对第一部分所有种类物资大于 0 时（sum（wu_que_now2_1（j,:））>0），需要对受灾点 j 分发物资。对物资种类（z = 1：lent_wu2）循环，如果受灾点 j 对物资 z 的最低满足量≤最后集中众储点 i 当前物资 z 可供给量（if wu_que_now2_1(j, z)≤ now_prov2(i, z)），那么受灾点 j 对物资 z 的最低满足量全部得到满足，即第一部分最低需求物资（znow_need2(i, z) = wu_que_now2_1(j, z)）；否则，供应点 i 当前拥有的物资 z 全部分发给受灾点 j（znow_need2(i, z) = now_prov2(i, z)）。

应急物资种类循环，直到该供应点—受灾点下的所有种类的应急物资都分发完成为止，结束物资种类循环。供应点和受灾点的循环结束后，第一部分最低需求物资分配完成。

⑥分散众储第一部分最低需求物资的装车。物资的装车顺序按照最

低满足率从大到小排序。对运输方式 z 装车（tt_xu）循环，如果集中众储点 j 的运输方式 z 的剩余数量与该条路线允许通过运输方式 z 数量的最小值大于 0（ll_min = min（[now_chubei2（i，z）prov_need_xian2（i，j，z）]）>0），那么对该类型车的数量依次循环装车，如果分散众储第一部分物资有尚未装车的，那么确定种物资的种类，并且计算装完该部分物资所需要的重量和体积，如果装车后，车的重量和体积未超过的载重和容量限制，则可以装车，否则在前一辆车装满后，更新一辆车继续装载物资，直至将分发的第一部分物资都装载完成。

⑦分发分散众储第二部分剩余需求物资，即分散众储第一部分最低满足率要求满足的物资分发后，集中众储点剩余的物资，分发方式和过程同⑤。

⑧分散众储第二部分集中众储点剩余的物资装车。装车的方式和过程同⑥。

⑨分散众储分发下各受灾点时间的计算，时间 = 汇集时间 + 运输时间 + 出库时间 + 装卸时间。

⑩分散众储分发下受灾点时间的判断。如果分散众储分发下所有受灾点的应急时间不超过极限时间（max（time_all（j，:））≤time_xin2（j）），则继续接下来的步骤；否则直接跳至第⑮步。

⑪分散众储分发下受灾点最低需求物资满足情况判断。如果分散众储第一部分最低需求物资全部得到满足，则继续接下来的步骤；否则直接跳至第⑮步。

⑫公平分发函数值的计算。

⑬损失函数数值的计算。

⑭目标函数值的求解。在公平分发函数和损失函数计算完成后，对这两个目标进行线性加权将双目标优化问题转化成单目标优化问题。

⑮目标函数值的惩罚。第⑩步和第⑪步不满足约束的情况，给目标函数赋予一个极大惩罚值。

分散众储分发下求解思路流程如图 6 - 5 所示。

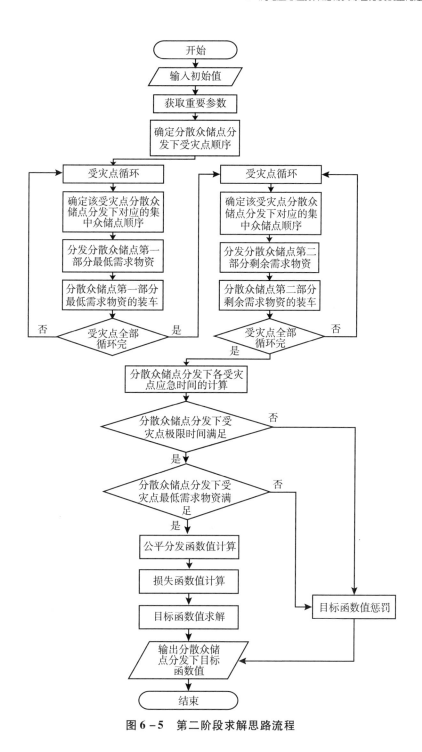

图 6 - 5 第二阶段求解思路流程

3. 遗传算法设计

由于第二阶段遗传算法设计与第一阶段遗传算法设计相似，只有适应度函数和罚函数不同，因此本节只说明不同的适应度函数和罚函数。

（1）适应度函数

第二阶段目标是求公平分发和损失函数加权平均值的最小值，则适应度函数为式（6-32）所示。

$$\text{Fit}_2(x') = \begin{cases} \dfrac{1}{g(x')} = \dfrac{1}{\omega_1 \text{GP}(x') + \omega_2 \text{SS}(x')}, & \text{分发方案满足约束} \\ \dfrac{1}{500}, & \text{否则} \end{cases}$$

$$(6-32)$$

其中，$g(x')$ 表示二阶段分散众储第 x' 个染色体的适应度，$\text{GP}(x')$ 表示二阶段分散众储第 x' 个染色体的公平分发函数值，$\text{SS}(x')$ 表示二阶段分散众储第 x' 个染色体的损失函数值，ω_1 和 ω_2 分别表示加权系数。

（2）罚函数

第二阶段目标函数是公平分发函数和损失函数的最小值，那么目标函数为式（6-33）、式（6-34）所示。

$$G(x') = \begin{cases} \omega_1 \text{GP}(x') + \omega_2 \text{SS}(x'), & \text{分发方案满足约束} \\ 500, & \text{否则} \end{cases} \quad (6-33)$$

其中，$g(x') = \omega_1 \text{GP}(x') + \omega_2 \text{SS}(x')$

$$= \omega_1 \sum_{k=1}^{z} \sum_{j=1}^{n} \left(\frac{D''_{jk}}{\sum_{i=1}^{m} S''_{ik}} - \frac{\sum_{i=1}^{m} X'_{ijk}}{D''_{jk}} \right)^2$$

$$+ \omega_2 \sum_{k=1}^{z} \sum_{j=1}^{n} \frac{(D''_{jk} - \sum_{i=1}^{m} X'_{ijk})^{\alpha}}{D''^{\alpha}_{jk}} \quad (6-34)$$

当染色体不满足分配方案的约束时，对目标函数值惩罚。其中，惩罚值 500 远远大于目标函数的值。

6.4 本 章 小 结

　　本章主要构建了虚拟众储应急物资综合分发模型。灾害发生后，后方救援物资没有到达之前，第一阶段研究集中众储点应急物资的分发问题。在第 4 章需求预测和第 5 章众储点选择基础上，构建以救援时间最短为目标函数，考虑集中众储点供应量、受灾点需求量、运输工具的重量和体积、运输路线、道路容量、时间限制、受灾点满足率等多因素的综合分发模型，并指出模型的求解过程。第二阶段在集中众储点应急物资分发（第一阶段）的基础上，综合考虑各因素的最新变化，建立第二阶段分散众储点应急物资汇集后分发模型，并阐述模型求解过程。

7

仿 真 案 例

本章通过到地震灾区实地调研，搜集相关资料和数据，模拟灾前和灾后情况，遵循第 3 章提出的大众应急物资分配有效性的三角结构框架，构建仿真案例。属地众储物资分发分为两个阶段：第一阶段利用第 4 章伤亡人口预测模型和应急物资预测模型确定灾区需求，依据灾区需求，利用第 5 章建立的集中众储点选择模型选择出救点，将需求和供应信息，输入属地一阶段集中众储物资分发模型，得到属地一阶段集中众储物资分发方案；第二阶段利用灾区上报的人口伤亡或物资需求数据，完成物资需求预测，依据灾区需求，利用第 5 章建立的分散众储点选择模型选择分散众储点，将选择的分散众储点的物资和运输工具汇集到相应的集中众储点，结合第一阶段分发剩余的物资和运输工具，得到新的供应量，将新的需求和供应信息，输入属地二阶段分散众储物资分发模型，得到属地二阶段分散众储物资分发方案。最后提出属地众储物资分发系统的实施保障。

7.1 案 例 描 述

某一地区突发地震灾害后，各乡镇均受到不同程度的破坏。其中，地形环境最为复杂的 YX 乡镇成为地震的重灾区。在 YX 乡镇受灾区中，有 5 个受灾村庄亟待紧急救援（受灾点 n_1，n_2，n_3，n_4，n_5）。属地政府紧急采取行动，快速响应。通过查询虚拟众储信息平台信息，获得这 5 个受灾村庄周围可使用的应急物资集中众储点（M_1，M_2，M_3，M_4，M_5，M_6）信息。进一步查询可得到该 6 个应急物资集中众储点附近的分散众储点信息，集中众储点和分散众储点的地理分布信息如图 7-1 所示。

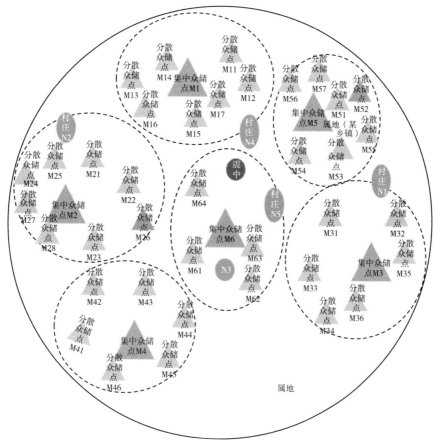

图 7-1　算例分布

从虚拟众储信息平台数据可知，集中众储点存储的物资有食品、药品、饮用水、帐篷、消毒液和防疫药品六种，各种类应急物资在 6 个集中众储点的储备信息如附录 A-1 所示，单位重量和体积如附录 A-2 所示。集中众储点中可用于救援的运输方式有汽车、无人机、直升机、冲锋舟和橡皮艇五种，各类运输工具在 6 个集中众储点的储备数量如附录 A-3 所示，额定重量、体积和速度如附录 A-4 所示。集中众储点的仓库出库能力如附录 A-5 所示。

分布在集中众储点周围的分散众储点的应急物资存储信息，如附录 A-6 所示；分散众储点的运输工具储备信息如附录 A-7 所示。

7.2　属地一阶段集中众储物资分发

本节通过算例验证集中众储物资分发。遵循如下思路：首先通过灾区信息预测灾区伤亡人数，再确定灾区应急物资需求，依据灾区需求选择集中众储点，将确定的供应和需求信息输入分发模型，最后得到集中众储物资分发方案。

7.2.1　需求确定

1. 伤亡人口数预测

灾害发生后，第一时间调取灾前卫星拍摄的受灾村庄的卫星图片，利用虚拟卫星星座，获得灾后受灾村庄的卫星图片，经过对比分析得到倒塌率，如图 7-2，图 7-3 所示。

图7-2 灾区原始遥感图像

资料来源：国家重点研发计划"末端快速精准投送调度系统及关键技术研究"课题

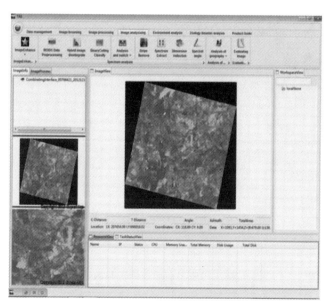

图7-3 倒塌率分析图像

资料来源：国家重点研发计划"末端快速精准投送调度系统及关键技术研究"课题

5 个受灾村庄的倒塌率如表 7 - 1 所示。

表 7 - 1　　　　　　　　　　　受灾村庄倒塌率

村庄	N1	N2	N3	N4	N5
倒塌率（%）	0.4	0.5	0.4	0.65	0.6

将倒塌率代入公式 $\log_{10}^{RD} = 9.0\ RB^{0.1} - 10.07$ 得到 5 个受灾村庄的人口死亡率，如表 7 - 2 所示。

表 7 - 2　　　　　　　　　　　受灾村庄人口死亡率

村庄	N1	N2	N3	N4	N5
人口死亡率（%）	0.0139	0.0212	0.0139	0.0355	0.0303

根据灾前民政部门统计信息，可得到人口密度和人口总数；由人口密度修正系数，可得到修正系数 fp；由评估受灾地的灾前准备情况，可得到修正系数 fz；获得灾后应急能力，可得到修正系数 fn，如表 7 - 3，表 7 - 4，表 7 - 5 所示。

表 7 - 3　　　　　　　受灾村庄人口密度和人口总数

村庄	N1	N2	N3	N4	N5
人口总数（人）	750	860	1 100	820	730
人口密度（人/平方公里）	40	50	36	30	60
修正系数 fp	0.8	1	0.8	0.8	1

表 7 - 4　　　　　　　受灾村庄灾前准备修正系数

村庄	N1	N2	N3	N4	N5
灾前准备得分	30	80	20	50	90
修正系数 fz	1.2	0.7	1.3	1	0.6

表 7 - 5 受灾村庄灾后应急能力修正系数

村庄	N1	N2	N3	N4	N5
灾后应急能力	0 ~ 12	0 ~ 12	0 ~ 12	0 ~ 12	0 ~ 12
修正系数 fn	0.4	0.4	0.4	0.4	0.4

灾后根据地震局统计的 5 个受灾村庄的烈度，结合发震时刻，确定了 5 个受灾村庄的时间修正系数，如表 7 - 6 所示。

表 7 - 6 受灾村庄烈度及时间修正系数

村庄	N1	N2	N3	N4	N5
烈度	X	X	IX	X	IX
修正系数 ft（夜晚）	1.5	1.5	2	1.5	2

将人口密度的修正系数 fp、烈度修正系数 ft、人口死亡率，以及人口总数带入 $ND = fp * ft * RD * M * fz * fn$ 得到 5 个村庄的死亡人数；根据人口受伤人数一般为死亡人数的 3 ~ 5 倍，本算例选择 3 倍来分析计算，得到 5 个村庄的受伤人数；并根据 5 个村庄总人数减去死亡人数，得到 5 个村庄的灾民数量。受灾村庄死伤人数，如表 7 - 7 所示。

表 7 - 7 受灾村庄死伤人数 单位：人

村庄	N1	N2	N3	N4	N5
死亡人数（人）	6	8	13	14	11
受伤人数（人）	30	38	63	70	53
灾民人数（人）	744	852	1 087	806	719

2. 救灾物资需求确定

根据前文分析，应急物资分为生活类和生命类两种，本算例选择生活类中的食品、药品、水、帐篷四种应急物资。其中食品、药品、水属于生活类循环需求物资，一般假设每人每天需要 4 瓶矿泉水（每单位包装有 12 瓶矿泉水），4 包食品（每单位包装有 10 包食品），5 包药品（每单位包装有 10 包药品）。帐篷属于生活类一次需求物资，一般假设 2 个人住一顶帐篷，即每个人对帐篷的需求为 $\frac{1}{2}$（不足一顶时按照一顶计算）。经计算得到 5 个受灾村庄关于应急物资（本算例选取）的需求量，如表 7 - 8 所示。

表 7 - 8　　　　　　　受灾村庄应急物资需求情况　　　　　单位：件

物资	受灾点 1	受灾点 2	受灾点 3	受灾点 4	受灾点 5
食品	298	341	435	322	288
药品	15	19	32	35	27
水	248	284	362	269	240
帐篷	372	426	544	403	360

7.2.2　集中众储点选择

根据第 5 章建立的快速响应模式，实现平台化、信息化的统一管理，灾后根据灾区需求进行搜索，确定能够满足灾区需求的集中众储点。首先，确定集中众储点的状态是否完好，通过搜索得到完好的集中众储点有 M1、M2、M3、M5、M6；其次，通过搜索完好集中众储点中存放应急物资的种类是否满足灾区需求，得到储备完好且满足需求的集中众储点有 M1、M2、M3、M5；再次，根据发生的地震灾害灾情，并结合当地的交通救援条件，确定需要选择汽车、无人机、运输机三种运输工具，通过搜索得到满足的集中众储点有 M1、M2、M3；最后，根据集中众储点到受灾点的时间小于最大应急救援时间限制条件，满足的集中众储点有 M1、M2、M3。通过搜索确定 3 个满足要求的集中众储点，可以直接得到这些集中众储点的存储物资种类、存储数量，拥有运输工具的种类、数量、额定速度、额定装载体积、额定装载重量，以及该集中众储点的出库能力等基本信息，如附录 A−8、附录 A−9 所示。

出救点确定后可根据 GIS 地图和最新卫星数据得到道路状况，以及集中储备点到各个救灾村庄的距离及流量限制，如附录 A−10、附录 A−11 所示。

7.2.3　分发结果

集中众储应急物资救援最主要的是在最短的时间内最大限度地满足灾区需求，根据灾后获得的灾区灾情信息，综合分析确定不同受灾点的极限救援时间（如表 7−9 所示），以及应急物资的满足率（如表 7−10 所示）。

表 7−9　　　　　　　　　　受灾村庄救援的极限时间　　　　　　单位：小时

村庄	救灾极限时间
受灾村庄 1	6
受灾村庄 2	4.5
受灾村庄 3	5
受灾村庄 4	4
受灾村庄 5	5.5

表 7−10　　　　　　　　　　受灾村庄应急物资的满足率　　　　　　单位：%

应急物资种类	满足率
食品	40
药品	55
水	70
帐篷	40

根据集中众储点搜索选择的结果，以及 5 个受灾村庄的需求。最优的分发结果为：从 M1、M2、M3 三个集中众储点向 N1、N2、N3、N4、N5 5 个受灾村庄分发应急物资——食品的方案如表 7 - 11 所示。

表 7 - 11　　　　　　集中众储点到受灾村庄食品分发方案　　　　单位：件

出救点	受灾点 1	受灾点 2	受灾点 3	受灾点 4	受灾点 5
出救点 1	111	0	181	0	0
出救点 2	187	137	0	0	116
出救点 3	0	0	0	129	131

从 M1、M2、M3 三个集中众储点向 N1、N2、N3、N4、N5 5 个受灾村庄分发应急物资——药品的方案如表 7 - 12 所示。

表 7 - 12　　　　　　集中众储点到受灾村庄药品分发方案　　　　单位：件

出救点	受灾点 1	受灾点 2	受灾点 3	受灾点 4	受灾点 5
出救点 1	1	0	19	0	0
出救点 2	14	11	0	0	15
出救点 3	0	0	0	20	10

从 M1、M2、M3 三个集中众储点向 N1、N2、N3、N4、N5 5 个受灾村庄分发应急物资——水的方案如表 7 - 13 所示。

表 7 - 13　　　　　　集中众储点到受灾村庄水分发方案　　　　单位：件

出救点	受灾点 1	受灾点 2	受灾点 3	受灾点 4	受灾点 5
出救点 1	26	0	254	0	0
出救点 2	174	138	0	0	168
出救点 3	48	61	0	189	62

从 M1、M2、M3 三个集中众储点向 N1、N2、N3、N4、N5 5 个受灾村庄分发应急物资——帐篷的方案如表 7 - 14 所示。

表 7 - 14 　　　　　　集中众储点到受灾村庄帐篷分发方案　　　　　　单位：件

出救点	受灾点 1	受灾点 2	受灾点 3	受灾点 4	受灾点 5
出救点 1	223	0	144	0	0
出救点 2	149	113	74	0	144
出救点 3	0	58	0	169	73

从集中众储点 M1 派出的向 N1、N2、N3、N4、N5 5 个受灾村庄运送应急物资的运输方式及运输工具的数量如表 7 - 15 所示。

表 7 - 15 　　　　集中众储点 M1 到受灾村庄运输工具的调配方案　　　　单位：辆

到受灾点	运输方式	调度车辆数
N1	汽车	8
N1	无人机	2
N3	汽车	8
N3	直升机	1

从集中众储点 M2 派出的向 N1、N2、N3、N4、N5 5 个受灾村庄运送应急物资的运输方式及运输工具的数量如表 7 - 16 所示。

表 7 - 16 　　　　集中众储点 M2 到受灾村庄运输工具的调配方案　　　　单位：辆

到受灾点	运输方式	调度车辆数
N1	汽车	7
N1	直升机	2
N2	汽车	7
N3	汽车	2
N5	汽车	7

从集中众储点 M3 派出的向 N1、N2、N3、N4、N5 5 个受灾村庄运送应急物资的运输方式及运输工具的数量如表 7 – 17 所示。

表 7 – 17   集中众储点 M3 到受灾村庄运输工具的调配方案   单位：辆

到受灾点	运输方式	调度车辆数
N1	汽车	1
N2	汽车	2
N2	无人机	1
N4	汽车	8
N4	无人机	4
N5	汽车	4

应急物资运抵灾区的总时间为 30. 9147 小时，灾害点分配优化方案如图 7 – 4 所示。

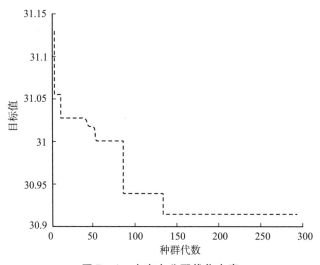

图 7 – 4　灾害点分配优化方案

从图 7 - 4 可以看出，随着种群的迭代，目标值（总时间）逐渐降低，并在 140 代左右时趋于稳定，目标值收敛于 30.9147，得到最优分配方案。

7.2.4 灵敏度分析

在原始最低满足率基础上，分别对 4 类物资的最低满足率（e1、e2、e3、e4）进行灵敏度分析，得到如图 7 - 5 所示的应急总时间—最低满足率变化图：

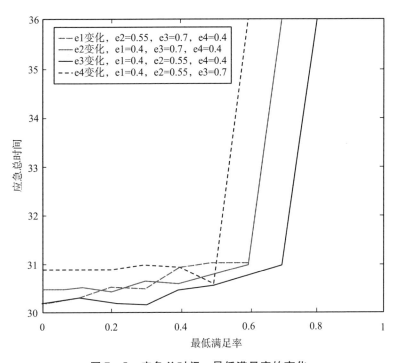

图 7 - 5 应急总时间—最低满足率的变化

从图 7 - 5 可以看出，应急总时间随各物资的最低满足率增加而增加。最低满足率越大，意味着将分发且运输更多的物资，所以应急总时间也相应地增加。然而 4 种物资分别在 0.6、0.6、0.7、0.5 处突变。当第一种物资（食品）的最低满足率达到 0.6 左右时，现有的食品储备量不能满足各受灾点的最低需求，或者即使满足最低满足率但到达受灾点的时间也已超过了受灾点对应急时间的限制，因而对目标值进行惩罚，为了便于显示各曲线的变化，本图中设定的惩罚值为 36。所以由图可知，在本算例中，4 类众储物资分发的满足率最大值大约分别是 0.6、0.6、0.7、0.5。

7.3　属地二阶段分散众储物资分发

本节通过算例验证第二阶段分散众储物资分发，遵循如下思路：在集中众储物资分发的基础上，把灾区上报的应急物资需求作为实际需求，依据需求再选择分散众储点，将满足应急需求的分散众储点的应急物资和运输工具汇集到集中众储点，确定的新供应和需求，将新的供应和新的需求，输入分散众储物资分发模型，最后得到分散众储点的应急物资分发方案。

7.3.1　需求确定

集中众储物资分发之后，对于无法实现通信的地区，可以利用卫星收集到的最新图片，进行人口伤亡预测，再进行物资需求预测。对于已经实现通信地区，可以利用灾区上报的人口伤亡或物资需求数据，完成物资需求预测。本仿真算例的物资需求采用灾区直接上报的形式，获取需求数据和集中众储点没有满足需求的数据（如表 7-18 所示）。

表 7 - 18	受灾村庄应急物资的需求情况			（单位：件）	
物资	受灾点 1	受灾点 2	受灾点 3	受灾点 4	受灾点 5
食品	450	420	405	450	270
药品	16	32	48	45	46
水	364	420	308	406	224
帐篷	104	78	39	52	78

7.3.2 分散众储点选择

分散众储点物资分发之前，根据分散众储点搜索模型，选择满足需求的分散众储点。首先考虑集中众储点，由于集中众储点 M4 已经遭到破坏，目前没有修复完好，集中众储点 M4 周围的分散众储点 M41、M42、M43、M44、M45、M46 不能进行正常汇集物资；其次，考虑分散众储点是否完好，经过搜索发现分散众储点 M13、M17、M22、M36、M62、M64 遭到破坏；再次通过搜索完好分散众储点中存放应急物资的种类是否满足灾区需求的条件，得到众储完好但不满足需求的分散众储点有 M16、M28；另外，根据发生的地震灾害灾情，并结合当地的交通救援条件，确定需要选择汽车、无人机、运输机三种运输工具，通过搜索不满足的分散众储点有 M27、M35；最后，根据分散众储点到集中众储点的汇集时间小于最大应急救援时间限制条件，得到没有不满足的分散众储点。

通过搜索得到 11 个满足要求的分散众储点，可以获得这些分散众储点的物资种类、存储数量，分散众储点拥有运输工具的种类、数量、额定速度、额定装载体积、额定装载重量，以及分散众储点的出库能力等基本信息，将满足分散众储点的物资和车辆向集中众储点进行汇集，如附录 A - 12、附录 A - 13 所示。

出救点确定后可根据 GIS 地图和最新卫星得到道路状况，以及集中众储点到各个救灾村庄的距离，如附录 A - 14、附录 A - 15 所示。

7.3.3 分发结果

分散众储点物资分发时，要汇总能够按照救援要求汇集到集中众储点的应急物资和运输工具，如表 7-19、表 7-20 所示。

表 7-19　　　　集中众储点汇集应急物资的众储情况　　　　单位：件

出救点	食品	药品	水	帐篷
出救点 1	648	60	500	303
出救点 2	320	50	500	120
出救点 3	600	50	650	200

表 7-20　　　　集中众储点汇集的运力情况　　　　单位：辆

出救点	汽车	无人机	直升机
出救点 1	24	3	0
出救点 2	42	3	1
出救点 3	28	7	2

第二阶段物资分发需要根据分散众储点汇集到集中众储的情况，并结合灾区最新信息，综合分析确定不同受灾点的极限救援时间（如表 7-21 所示），以及应急物资的满足率（如表 7-22 所示）。

表 7-21　　　　受灾村庄救援的极限时间　　　　单位：小时

受灾村庄	救灾极限时间
受灾村庄 1	12
受灾村庄 2	10.5
受灾村庄 3	11

受灾村庄	救灾极限时间
受灾村庄 4	10
受灾村庄 5	11.5

表 7 - 22　　　　　　　　　　受灾村庄应急物资满足率　　　　　　单位：%

应急物资种类	满足率
食品	40
药品	55
水	70
帐篷	40

　　根据分散众储点搜索结果，结合分散众储点向集中众储点汇集应急物资和运输工具的统计数据，以及 5 个受灾村庄的最新应急需求信息，得到最优的分发方案为：从 M1、M2、M3 三个集中众储点向 N1、N2、N3、N4、N5 5 个受灾村庄分发应急物资——食品的方案如 7 - 23 表所示。

表 7 - 23　　　　　　　集中众储点到受灾村庄食品分发方案　　　　单位：件

出救点	受灾点 1	受灾点 2	受灾点 3	受灾点 4	受灾点 5
出救点 1	0	198	0	450	0
出救点 2	185	27	0	0	108
出救点 3	0	195	405	0	0

　　从 M1、M2、M3 三个集中众储点向 N1、N2、N3、N4、N5 5 个受灾村庄分发应急物资——药品的方案如表 7 - 24 所示。

表 7 - 24   集中众储点到受灾村庄药品分发方案   单位：件

出救点	受灾点 1	受灾点 2	受灾点 3	受灾点 4	受灾点 5
出救点 1	0	18	0	42	0
出救点 2	15	9	0	0	26
出救点 3	0	0	48	2	0

从 M1、M2、M3 三个集中众储点向 N1、N2、N3、N4、N5 5 个受灾村庄分发应急物资——水的方案如表 7 - 25 所示。

表 7 - 25   集中众储点到受灾村庄水分发方案   单位：件

出救点	受灾点 1	受灾点 2	受灾点 3	受灾点 4	受灾点 5
出救点 1	0	215	0	285	0
出救点 2	343	0	0	0	157
出救点 3	16	205	308	121	0

从 M1、M2、M3 三个集中众储点向 N1、N2、N3、N4、N5 5 个受灾村庄分发应急物资——帐篷的方案如表 7 - 26 所示。

表 7 - 26   集中众储点到受灾村庄帐篷分发方案   单位：件

出救点	受灾点 1	受灾点 2	受灾点 3	受灾点 4	受灾点 5
出救点 1	0	78	0	52	0
出救点 2	88	0	0	0	32
出救点 3	16	0	39	0	46

从集中众储点 M1 派出的向 N1、N2、N3、N4、N5 5 个受灾村庄运送应急物资的运输方式及运输工具的数量如表 7 - 27 所示。

表 7 - 27　　　集中众储点 M1 到受灾村庄运输工具的调配方案　　　单位：辆

到受灾点	运输方式	调度车辆数
N1	汽车	8
N1	无人机	3
N2	汽车	1
N3	汽车	2

从集中众储点 M2 派出的向 N1、N2、N3、N4、N5 5 个受灾村庄运送应急物资的运输方式及运输工具的数量如表 7 - 28 所示。

表 7 - 28　　　集中众储点 M2 到受灾村庄运输工具的调配方案　　　单位：辆

到受灾点	运输方式	调度车辆数
N2	汽车	4
N2	无人机	0
N2	直升机	0
N3	汽车	5
N3	无人机	0
N3	直升机	0
N5	汽车	4
N5	无人机	3
N5	直升机	1

从集中众储点 M3 派出的向 N1、N2、N3、N4、N5 5 个受灾村庄运送应急物资的运输方式及运输工具的数量如表 7 - 29 所示。

表 7 - 29　　　　集中众储点 M3 到受灾村庄运输工具的调配方案　　　　单位：辆

到受灾点	运输方式	调度车辆数
N2	汽车	5
N2	无人机	3
N4	直升机	6
N4	汽车	4
N4	无人机	2
N5	直升机	1
N5	汽车	9
N5	无人机	0
N5	直升机	0

完成物资分发的目标值为 6.0448，其中公平分配的值为 9.9348，损失函数的值为 2.1547。灾害点分配优化图如图 7 - 6 所示。

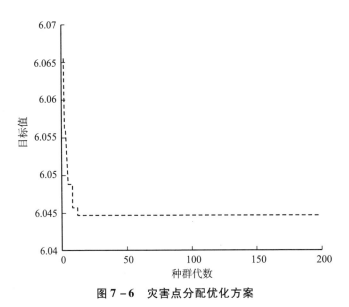

图 7 - 6　灾害点分配优化方案

从图 7 - 6 可以看出，随着种群的迭代，目标值逐渐降低，并在 20

代左右时趋于稳定，目标值收敛于6.0448，得到最优分配方案。

7.3.4 灵敏度分析

在算例最低满足率基础上，分别对4类物资的最低满足率（e1、e2、e3、e4）进行灵敏度分析，得到如图7－7所示的目标值—最低满足率变化图：

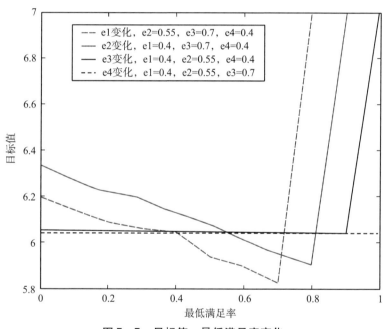

图7－7　目标值—最低满足率变化

与图7－5不同的是，图7－7的目标值随各物资的最低满足率增加反而递减。因为分散众储物资分发模型的目标函数是：公平分配和损失函数的加权平均。公平分配的计算公式如式（7－1）所示。

$$GP = \sum_{k=1}^{z} \sum_{j=1}^{n} \left(\frac{D''_{jk}}{\sum_{i=1}^{m} S''_{ik}} - \frac{\sum_{i=1}^{m} X'_{ijk}}{D''_{jk}} \right)^2 \qquad (7-1)$$

在案例中$\dfrac{D''_{jk}}{\sum_{i=1}^{m} S''_{ik}}$的值是由受灾点的需求量与供应点（出救点）的储

备量决定的，是固定不变的。当物资最低满足率增加时，$\dfrac{\sum_{i=1}^{m} X'_{ijk}}{D''_{jk}}$也相

应的增加，那么公平分配的值会随之减少。另一方面，最低满足率的增加，意味着未满足率的减少，那么损失函数的值也相应地减少。所以，在众储物资分发案例中，公平分配和损失函数都随着最低满足率的增加而减少，那么公平分配和损失函数的加权平均函数，即目标函数，也随之减少。

当前 3 种物资的最低满足率分别达到 0.7、0.8、0.9 时，目标值发生突变，如图 7-7 所示，以现有的物资储备量不能满足各受灾点的最低需求，或者即使满足最低满足率但到达受灾点的时间也已超过了受灾点对应急时间的限制，因而对目标值进行惩罚，为了便于显示各曲线的变化，本图中设定的惩罚值为 7。所以，由图 7-7 可知，在本仿真案例中，3 类众储物资分发的满足率最大值大约分别是 0.7、0.8、0.9。

对于第 4 类物资最低满足率的变化，目标值几乎没有发生变化。这是因为，在案例中，5 个受灾点对第 4 类物资的需求量分为 104、78、39、52、78，总需求量为 351，而 3 个供应点对第 4 类物资的储备量分别为 303、120、200，总储备量为 623，总储备量远大于总需求量，所以不管第 4 类物资的最低满足率是多少，需求总会得到满足，所以对应的公平分配值和损失函数值都变化较小。因此，第 4 类物资最低满足率的变化，目标值几乎不会发生变化。

7.4 属地众储物资分发系统实施保障

自然灾害发生后，为保证属地众储物资分发系统的正常运行，需要

构建天空地一体化信息监测系统、构建属地应急指挥调度平台和建立属

地应急快速响应机制提供支撑。

7.4.1 构建天空地－体化信息监测系统

自然灾害发生后，受灾区域的交通损毁、通信中断、信息网络瘫痪、基础设施受到破坏，如何在第一时间掌握灾区灾情信息[162]，为灾区应急物资需求预测提供信息支撑显得至关重要。需求预测需要得到灾区倒塌率，从而进一步确定伤亡人数，推测应急物资需求。进行属地大众应急物资分发时，需要考虑道路状况，然后将灾后可行的运输路线输入分发模型，得到科学的分发方案。因此，需要建立天空地一体化自然灾害应急监测系统。

天空地一体化自然灾害应急监测系统是基于系统化、集成化、模块化的设计思想，以卫星通信为主体，综合考虑自然灾害应急救援的特点进行设计。建设包括由天、空、地三个方面组成的通信保障核心网络。天指的是卫星导航定位系统、卫星通信系统、卫星遥感系统；空指的是无人机系统；地指的是 MESH 终端和卫星便携式移动指挥系统、动中通移动指挥平台系统、单兵背负系统及卫星主站综合指挥系统。系统网络拓扑如图 7－8 所示。

围绕应急事件的监测预警、应急响应、综合评估等应用需求，统筹规划天、空、地资源，利用卫星遥感、航空遥感、卫星通信、卫星导航综合信息，构建天、空、地一体化自然灾害应急监测通信系统，其系统如图 7－9 所示。该系统为灾害应急管理决策、快速响应等提供位置、通信、图像等多维信息服务，实现快速高效的天地一体化遥感应急观测、多部门联合会商及信息互联互通。

1. 综合态势采集分系统

利用遥感卫星、无人机、应急车载站、地面救援人员，从天、空、地多维度对重点区域进行实时信息采集，为应急物资需求预测、路径选择、救灾指挥调度提供有效的数据支撑。

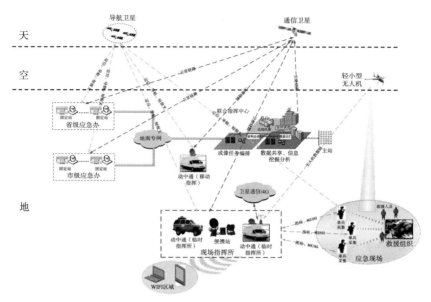

图7-8 天、空、地一体化自然灾害应急监测系统拓扑结构

资料来源：国家重点研发计划"末端快速精准投送调度系统及关键技术研究"课题。

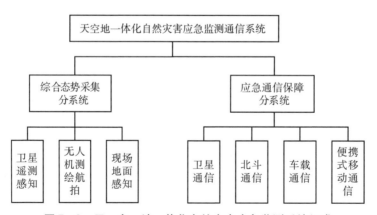

图7-9 天、空、地一体化自然灾害应急监测系统组成

资料来源：国家重点研发计划"末端快速精准投送调度系统及关键技术研究"课题。

（1）卫星遥测感知

遥感卫星周期性过境，可对重点监测区域的数据进行采集存储和灾后处理，系统与遥感数据中心建立通信连接。利用现有卫星，构建虚拟星座，从而实时覆盖灾区，即某地发生灾害时，有卫星经过且能够采集灾区图像。通过获得的灾区影像资料与发生灾害前的影像资料进行对比分析，估算受灾区域范围、灾区损毁程度、道路中断情况、房屋倒塌情况，为救援提供信息支撑。

（2）无人机测绘航拍

无人机可实现对灾区大范围区域巡查、指定区域拍摄、目标上空悬停监测等功能。无人机系统搭载中远程数据链，支撑可见光视频数据或红外视频数据的实时传输，应急车载站配有中远程数据链和飞控系统，可对无人机进行飞行控制、图像接收和相应的数据处理。特别是灾后卫星无法监测到的区域，就需要派无人机飞抵灾区上空，拍摄灾区图像，监测灾区灾情，道路损毁情况，实时传回灾区灾情信息资料，为物资的需求预测和分发提供所需的灾区信息，为应急指挥中心指挥救援提供参考依据。

（3）现场地面感知

卫星无法拍摄，无人机不能飞抵灾区时，救援人员携带单兵背负设备和自组网终端设备进入灾区，对灾害现场音频、视频、图像信息进行实时采集，并将采集的信息及时回传至前方应急车载站，并与应急指挥中心实时传输，保障后方指挥人员实时获取现场态势信息，为需求预测、物资分发、指挥调度等提供所需信息。

救援人员可按需组建调度组，组内各通信节点具有自动组网、自动路由、自动修复等功能，支持组内人员相互通信，也可支持直接与所属调度中心建立双向通信链路，实现组间、组内的互联互通。

2. 应急通信保障分系统

天、空、地一体化自然灾害应急监测通信系统主要用于保障突发灾害情况下的信息链路畅通，系统需满足地面网络瘫痪时，系统内各节点网络通达的基本要求，并能满足指挥中心大数据向前方推送、前方信息回传、无人机巡视数据实时传输、救援人员灵活移动等多种通信需求，使天、空、地三层感知基础数据有效回传，指挥命令准确送达。

（1）卫星通信

卫星通信具有通信距离远、通信路数多、容量大、通信质量好、可靠性高、运用灵活、适应性强等特点，能够在任何时间、任何地点、任何环境下建立通信服务，作为数据传输的骨干网络，可在事件发生时保证核心业务在核心节点间大量稳定传输。采用具有双向通信、带宽按需分发的 VSAT 卫星通信系统，其设计兼顾网络速率和效率。核心节点具有全网管控能力，终端节点天线口径小，通信便捷等特点，可满足基于同步轨道卫星的宽带通信需求。

（2）北斗通信

北斗通信可提供安全自主的定位导航和终端短报文服务。应急通信车、单兵、无人机等网内移动节点，可通过北斗终端获取定位导航服务，同时指挥中心能通过跟踪监控平台，显示系统各节点位置。指挥中心对所有北斗终端具有监控功能，整个定位导航及指令下达过程具有安全性和自主性。

（3）应急车载站

应急车载站是应急情况下实现指挥调度功能的重要通信保障平台，系统具备良好的机动能力，并能根据需要在指定地点通过卫星链路接入主干网络，与系统内其他通信节点间建立通信连接，同时与指挥中心保持互联互通。应急车载站是集卫星通信、现场信息采集、自供电及其他相关辅助设施于一体的综合性通信指挥车，移动中实现对现场信息的监控，语音、视频、数据等内容的实时传输。应急车载站在恶劣的自然环境下，具备很好的抗冲击性、较高的通道传输能力，快速的部署能力，良好的通信恢复能力和安全可靠的稳定传输能力。

（4）便携式移动通信终端

便携式移动通信终端作为应急车载站的通信补充形式，可与后方指挥中心业务互通，完成现场情况汇报及后方指挥的指令接收。便携站具有全自动一体化、小型化、智能化、简单化等特点，设备均可全自动完成展开、跟踪、对星、调整、收藏，提供方便、快捷的卫星通信服务。基于便携式移动通信终端提供的通信业务服务，现场指挥人员可及时了解事件发展态势、查看各种现场音视频信息、调阅历史数据和紧急预案，在后方物资支援未到达情况下，快速进行紧急物资投送。

7.4.2 构建属地应急指挥调度平台

破坏性自然灾害发生后，灾区与后方的通信中断、道路损毁、救援物资无法送达，灾后灾区一般处于"黑箱"状态，如何解决灾区黑箱，灾区救援无物，指挥调度困难等问题，即如何解决"最后一公里"问题，通过组建属地大众应急指挥平台，实施国家提倡的"属地救援，属地管理"原则，能够开展不依赖后方的属地先期处置，快速救援行动，为属地大众应急物资分发系统的实现提供支撑。

属地应急指挥平台是解决"最后一公里"快速救援的关键，是实现属地应急物资分发系统快速精准分发的重要支撑。属地应急指挥平台平时管理属地集中众储点和分散众储点存储的大众应急物资，保证灾害应急物资的供应。通过模拟灾害场景实现平时的模拟演练，形成属地快速救援流程和规范。该平台也需要整合民政、地震、气象等多部门业务数据，将属地人口信息、道路信息、以往救援案例信息、卫星影像等基础数据进行实时共享和统一管理，为灾后物资需求预测和分发提供所需基础信息。应急时，通过天、空、地一体化自然灾害应急监测系统和其他监测方式，第一时间收集灾区信息，并保证信息的实时传输和共享，通过分发系统生成分发方案，实现属地快速精准救援，并同时保证该平台与后方平台的实时传输和通信。

属地大众应急指挥平台的架构遵循平台化、组件化的设计思想，采用统一的数据交换、统一的接口标准、统一的安全保障、统一的应用基础平台。按照物联网三层体系架构，结合云计算数据中心服务模式，考虑平台天、地一体化应急指挥、物资快速精准分发等功能需求，将平台总体结构自底向上划分为五层，分别是感知层、传输层、综合管理云平台层、应用层和用户层（如图 7-10 所示）。

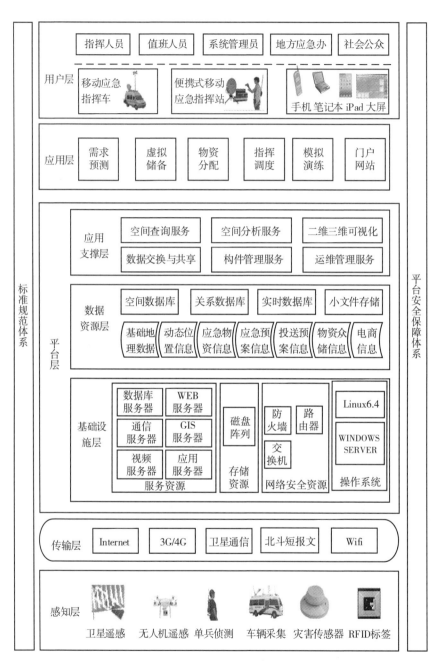

图 7 – 10 属地大众应急指挥平台架构

资料来源：国家重点研发计划"末端快速精准投送调度系统及关键技术研究"课题。

1. 感知层

感知层主要是综合运用射频识别、视频监控、卫星遥感、无人机遥感、北斗定位等技术，实现对灾情实时监测信息、应急灾害现场信息、物资众储信息、运输工具信息、物资调度投送过程信息等的采集、处理、传输及跟踪，形成天、空、地一体化多平台全方位监测体系。

2. 传输层

传输层为建立安全可靠的现场指挥通信信道、周边区域物资投送通信信道、与后方应急救援通信信道。主要是新建 VSAT 加密通信网、3G/4G 通信网及现场地面有线网络，重点使用北斗定位系统、无线自组网、卫星通信网等网络进行数据交互，形成多种网络汇集的网络支撑平台，实现感知层和应用层之间，以及应用层多个信息系统之间，数据信息、控制信息等多种不同数据的双向传递、路由寻址等，提高信息网络传输的安全性和可靠性。

3. 平台层

平台层为综合管理云平台，是整个快速精准投送的核心。通过对已建服务和在建的属地应急物资快速精准投送各类服务进行有机整合，使各类应急救灾应用服务直接无缝集成，为属地应急物资快速精准投送平台的建设提供所需的资源共享、信息交换、业务访问、业务集成、流程控制、安全控制、应急保障和系统管理等各种基础性和公共性的支撑服务，同时也是应用系统开发、部署和运行的技术环境。基于属地应急物资快速精准投送调度综合管理云平台，具备开放接口、支持弹性扩展，未来可实现面向大众的应急业务和数据增值应用。

平台层为物联网云平台，是整个快速投送系统的核心。包括提供发服务资源、存储资源、网络安全资源、操作系统等运行的基础设施层；提供基础地理数据、遥感数据、传感器上传的动态位置数据、应急物资信息、应急预案信息、投送预案信息、物资众储信息、电商信息等的数据资源层；提供先进的数据的接入、存储、分析、共享与交换服务、二三维可视化服务、空间查询服务、空间分析服务、运维管理服务等的应用支撑层。

4. 应用层

业务应用层涵盖应急物流投送全过程的业务，包括需求预测、虚拟众储、物资分发、指挥调度、模拟演练、门户网站六大业务子系统。以及提供信息安全保障服务的信息安全管理数据库和信息安全管理系统。一旦灾害发生，业务应用层面各子系统从监测、指挥、调度到投送，形成信息化、智能化、可视化应急决策与物资投送过程。

5. 用户层

用户层主要包括：现场指挥中心指挥员，现场指挥中心业务操作员，属地防灾救灾相关政府部门（应急办），社会应急资源生产和存储单位、志愿组织、个人等社会公众，系统管理人员等。

6. 平台的支撑

（1）标准规范体系

标准规范体系主要包括软件开发规范、软件测试标准、数据处理标准、数据存储标准、数据编码标准、数据通信标准、数据采集标准及相应的技术环境标准等。能够确保应急物联网平台信息系统之间及各分系统的互联互通、信息共享、集成组装和使用维护。

（2）安全保障体系

安全保障体系按照安全等级要求，可分为物理层安全、网络层安全、系统层安全、应用层安全及数据安全等五个方面。针对可能遇到的各种安全威胁和风险采取行之有效的安全措施，确保系统能够安全、稳定、可靠地运行。

7.4.3 建立属地应急快速响应机制

应急快速响应机制是指自然灾害发生后，应急指挥者在短时间内制定救援方案，调动各方救援力量和救援资源展开救援。应急快速响应机制的建立是实现快速救援的保障。平时应当建立以属地应急为主，全社会广泛参与，有标准应急流程，多方协调共享，平时模拟演练的应急快速响应机制，应急时才能发挥快速救援的作用。

以属地应急为主，分级调度，统一管理。应急指挥者是应急救援的指挥中枢，应当熟悉当地的救灾特点，快速获得救灾信息，快速做出救援决策，现场指挥，这些要求只能由当地人员才能满足。我们在每个地区都需要建立应急组织，明确应急指挥者，以及其他相关人员的职责和分工。这样灾害发生后，当地的应急组织才能在第一时间展开救援，并将救援情况向上级报告，并利用灾区资源救援后，将不能满足的需求反馈给上级，上级根据灾区反馈的需求尽快满足，形成以属地应急为主，分级调度，统一管理的快速响应机制。

充分调动社会力量广泛参与。我国救援主要还是依靠政府的力量，社会力量没有得到很好的利用，但"政府失灵"现象是经常发生的，必须充分利用社会应急物资和运输工具等应急资源，这些资源分布在灾区及灾区周边，要进行充分动员，建立相应的管理机制和激励机制，将这些社会应急物资实现分散存储、平台管理、统一调度，实现灾后第一时间展开救援。

严格按照属地应急标准流程展开救援。灾后属地应急组织快速收集灾区信息和应急相关基础信息，利用属地应急资源，经过需求预测，搜索众储点，再经过分发模型，制定出科学的救援方案，并将灾区信息、救援方案和形成的需求反馈给上级，上级及时满足反馈需求。

形成应急主管部门、民政部门、地震局、气象局、监测分析部门等国家应急机构和企业、家庭、志愿组织、志愿者等社会应急主体广泛参与和相互协调的快速响应机制。灾后民政部门能够及时提供灾区救灾数据，地震局快速测得地震等级和烈度等地震信息，监测分析部门通过天、地、空一体化信息监测系统第一时间获得灾区灾情，社会应急主体及时搜灾区信息，提供应急所需的各类应急资源。

模拟演练要以属地为核心，设定发生的自然灾害的场景，要求群众和应急人员全部参加，并按照属地救援的标准流程和应急方案展开模拟救援，并对演练的结果进行评估，不断检验和完善方案，最终形成综合应急预案。只有定期组织相关人员进行实地模拟演练，才能发现问题并及时纠正，形成的应急方案才不只停留在理论层面。平时组织群众和应急人员参加培训、演练，提高应急指挥者的指挥调度能力和群众对灾害的应变能力。例如汶川地震中北川安县桑枣中学在平时不断组织模拟演练，使得灾后无一伤亡。

7.5　本章小结

本章主要针对属地大众应急物资分发系统三角结构框架进行定量分析验证。首先对算例基础信息进行了描述，接着分两个阶段进行验证。第一阶段是属地集中众储物资分发。预测灾区人口伤亡和应急物资需求，再基于需求选择集中众储点，供应和需求确定后，输入集中众储应急物资分发模型，得到第一阶段应急物资分发方案。第二阶段是属地分散众储物资汇集到集中众储点后物资分发。在第一阶段集中众储应急物资分发的基础上，按照灾区上报的应急物资需求作为实际需求，选择分散众储点，汇集后将最新的供应和需求输入第二阶段分散众储点应急物资分发模型，得到第二阶段分散众储点应急物资分发方案。最后，阐述了属地众储物资分发系统的运行保障措施。

8

结论与展望

8.1 结 论

本书综合运用应急物流理论、系统工程理论、物资分发理论、目标优化理论等，对"属地应急众储物资分配"这一科学难题开展相关研究工作，为自然灾害发生后快速精准救援提供理论依据和实践参考。本书的主要工作与结论如下：

（1）提出了属地应急众储物资分配有效性问题

通过调研灾区救援的实际情况和以往经验，结合应急物资的概念及分类、应急物资分配的概念和特点、应急物资分配机理、应急物资分配模式、需求预测、应急物资分配模型问题研究等，对文献进行归纳与梳理。得出专家学者们对于众储物资研究的很少，在虚拟众储基础上研究应急物资分配的问题也较少，把应急物资分配作为一个有机整体来研究的更寥寥无几。综合现有研究的不足，本书确定将属地应急众储物资分配作为科学研究问题。

（2）构建了属地众储物资分配三角结构框架

通过分析影响快速分配有效性的影响因素：需求黑箱、物资稀缺、分发无序，提出相应的解决方案；通过需求预测实现灾情可预见性来解决需求黑箱问题，通过虚拟存储实现物资可获得性来解决物资稀缺问题，通过分发模型保证分发可实现性来解决分发无序问题。综合分析，提出了由需求预测、虚拟众储、综合分发构成的众储物资分配三角结构框架。

（3）建立了基于人口伤亡的应急物资分类需求预测模型

通过分析影响人口伤亡的主要因素，对现有预测方法和模型进行对比分析，选择确定了最优的人口伤亡预测模型。通过分析影响应急物资需求的主要因素，结合人口伤亡预测数据，建立了基于人口伤亡的应急物资分类需求预测模型。应急物资需求预测是存储点选择的基础，也是属地众储物资分发的前提。

（4）建立了属地应急物资虚拟众储快速响应模式和集中、分散众储点选择模型

针对我国应急物资存储能力不足、布局不合理，以及灾后后方应急物资无法在第一时间运到灾民手中等问题，本书按照行政区域的划分，把全国分为若干个不同等级的网格，通过这些网格把分散的社会应急物资，与大众应急物资信息平台相结合，形成虚拟众储模式，按照属地化进行统一管理，为灾后快速救援奠定基础。建立了通过分析众储点的完好性、应急物资种类、运输能力、出库能力、运输路线、运输时间等影响众储点选择的因素，建立了基于需求预测的集中众储点和分散众储点选择模型，解决了灾后救援物资快速精准出库救援的问题。通过搜索代码分阶段实现众储点选择，这有利于属地大众应急物资信息平台的应用。

（5）建立了虚拟众储应急物资综合分发模型

在需求预测和虚拟众储点选择的基础上，综合考虑众储点供应量，受灾点需求量，运输工具的种类、重量和体积，运输路线，道路容量，受灾点满足率等因素，建立集中众储点应急物资分发和分散众储点物资分发两个阶段分发模型，并给出了求解过程。

（6）通过仿真案例分析，给出了众储物资分配优化方案，并提出属地众储物资分发系统的运行保障措施

通过仿真案例分析，分两个阶段对属地众储物资分配三角结构框架进行定量分析验证。第一个阶段是先预测灾区人口伤亡，再预测应急物资需求，基于需求选择集中众储点，输入属地一阶段集中众储物资分发模型，得到分发方案。第二个阶段是将灾区上报的需求作为最新需求，选择满足新的需求的分散众储点进行汇集，将所需信息输入属地分散众储点应急物资分发模型，得到分发方案。提出属地应急众储物资分配有效性的运行，需要构建天、空、地一体化信息监测体系，建设属地大众应急指挥调度平台和属地应急快速响应机制作为保障，真正实现了快速精准救援，最大限度地减少了人员的伤亡和财产的损失。

8.2 展　　望

尽管本研究系统、完整、深入地阐述了属地众储物资分配三角结构框架，构建了基于人口伤亡的应急物资分类需求预测模型，运用信息平台化、网格化和属地化管理的思想建立了虚拟众储快速响应模式，建立了基于需求的集中众储点和分散众储点选择模型，并通过搜索代码实现，建立了集中众储应急物资分发和分散众储点应急物资分发两个阶段模型，并通过仿真算例进行了验证分析。但本书仍存在值得进一步去研究、探讨、改进和深化的问题。

（1）将众储物资和国家应急储备物资都作为属地应急物资统一管理和调度

由于我国行政管理体制的原因，国家应急物资众储的管理和调度需要一定的审批手续，希望通过研究能够打破这种束缚，将储备物资和国家应急物资储备都作为属地应急物资统一管理和调度。

（2）继续深入研究众储物资和国家应急物资储备互补性存储的合

理化

汶川地震后，民政部和财政部又将中央级救灾物资存储库由原来的10个增加到24个，在31个省、自治区、直辖市和新疆建设兵团建立了省级应急物资存储库，县级政府也根据当地的风险特征建立了相应的应急物资众储，这些众储耗费大量的人力和财力，还很难满足快速精准救灾的需求。大量的社会化应急物资即众储物资，没有得到充分利用，处于无序管理的状态。按照属地化统一管理的原则，将国家众储和大众众储（众储）实现优化互补，众储量既能满足救援需求，还不会浪费。

（3）利用以后的地震灾害不断验证并完善本研究的有效合理性

以往的地震没有采用本书提出的属地众储物资分配三角结构框架，也没有以往的数据可以参考来进行验证。希望在以后的地震救援中，本模型能够通过实践应用和论证，不断优化完善。

附录 A

集中众储点应急物资的存储情况 单位：件

众储点	食品	药品	水	帐篷	消毒液	防疫药品
集中众储点 1	360	20	280	450	260	370
集中众储点 2	440	40	480	480	350	460
集中众储点 3	260	30	360	300	460	430
集中众储点 4	0	30	0	0	390	520
集中众储点 5	520	0	0	0	420	280
集中众储点 6	0	0	0	0	230	390

应急物资的单位重量和体积

物资	单位重量（吨）	单位体积（立方米）
食品	0.03	0.05
药品	0.02	0.02
水	0.04	0.04
帐篷	0.03	0.8
消毒液	0.05	0.05
防疫药品	0.03	0.05

集中众储点的运力储备情况 单位：辆

众储点	汽车	无人机	直升机	冲锋舟	橡皮艇
集中众储点 1	16	1	1	3	1
集中众储点 2	25	0	2	0	3
集中众储点 3	15	5	0	3	2
集中众储点 4	0	0	0	0	8
集中众储点 5	0	0	0	6	2
集中众储点 6	0	6	0	1	0

附录 A - 4   运输方式的额定载参数

众储点	定载重量（吨）	额定体积（吨）	额定速度（千米每小时）
汽车	3	30	40
无人机	0.6	2	60
直升机	2	70	100
冲锋舟	0.9	15	40
橡皮艇	0.5	10	30

附录 A - 5   集中众储点的出库能力   单位：小时/件

众储点	食品	药品	水	帐篷	消毒液	防疫药品
集中众储点 1	0.002	0.01	0.003	0.002	0.003	0.002
集中众储点 2	0.001	0.011	0.002	0.001	0.002	0.002
集中众储点 3	0.003	0.014	0.002	0.002	0.001	0.003
集中众储点 4	0.003	0.002	0.001	0.001	0.003	0.001
集中众储点 5	0.001	0.002	0.003	0.002	0.002	0.003
集中众储点 6	0.002	0.002	0.001	0.003	0.001	0.001

附录 A - 6   分散众储点应急物资的存储情况   单位：件

众储点	食品	药品	水	帐篷	消毒液	防疫药品
分散众储点 11	280	0	0	0	0	0
分散众储点 12	300	0	0	0	0	360
分散众储点 13	0	75	0	0	420	0
分散众储点 14	0	0	500	0	0	0
分散众储点 15	0	0	0	220	0	0
分散众储点 16	0	0	0	0	350	0
分散众储点 17	0	0	0	0	230	460
分散众储点 21	320	0	0	0	0	320
分散众储点 22	390	0	0	0	330	0

众储点	食品	药品	水	帐篷	消毒液	防疫药品
分散众储点 23	0	50	0	0	0	230
分散众储点 24	0	0	500	0	260	0
分散众储点 25	0	0	0	40	0	0
分散众储点 26	0	0	0	80	0	330
分散众储点 27	0	0	0	0	400	0
分散众储点 28	0	0	0	0	0	450
分散众储点 31	530	0	0	0	0	180
分散众储点 32	0	50	0	0	160	0
分散众储点 33	0	0	650	0	0	0
分散众储点 34	0	0	0	200	0	460
分散众储点 35	0	220	0	0	320	0
分散众储点 36	150	0	60	0	330	380
分散众储点 41	0	0	420	0	160	0
分散众储点 42	340	0	0	0	0	220
分散众储点 44	0	0	200	0	0	0
分散众储点 44	0	60	0	0	350	0
分散众储点 45	0	0	0	300	0	290
分散众储点 46	0	20	0	0	260	0
分散众储点 51	530	0	0	0	0	180
分散众储点 52	0	50	0	0	160	0
分散众储点 55	0	0	650	0	0	0
分散众储点 54	0	0	0	200	0	460
分散众储点 55	0	0	0	0	320	0
分散众储点 56	0	0	0	0	330	380
分散众储点 57	200	50	0	120	0	0
分散众储点 61	0	0	0	0	130	0
分散众储点 62	0	200	0	0	0	580
分散众储点 66	0	0	0	0	100	220
分散众储点 64	0	0	100	0	320	0

附录 A - 7　　　　　　**分散众储点的运力储备情况**　　　　　　单位：辆

众储点	汽车	无人机	直升机	冲锋舟	橡皮艇
分散众储点 11	7	0	0	0	1
分散众储点 12	8	3	0	1	0
分散众储点 13	7	0	1	0	0
分散众储点 14	9	0	0	0	0
分散众储点 15	6	0	0	0	0
分散众储点 16	4	0	0	0	6
分散众储点 17	5	0	0	1	0
分散众储点 21	7	0	0	0	1
分散众储点 22	7	0	0	1	0
分散众储点 23	8	3	1	0	0
分散众储点 24	9	0	0	0	0
分散众储点 25	6	0	0	0	8
分散众储点 26	10	0	0	2	0
分散众储点 27	0	0	0	2	0
分散众储点 28	0	0	5	3	0
分散众储点 31	9	0	0	8	0
分散众储点 32	6	2	1	0	0
分散众储点 33	6	3	1	3	4
分散众储点 34	7	2	0	0	0
分散众储点 35	0	0	0	6	0
分散众储点 36	2	0	1	0	8
分散众储点 41	9	0	0	8	0
分散众储点 42	6	2	1	0	0
分散众储点 43	6	3	1	3	4
分散众储点 44	7	2	0	0	0
分散众储点 45	0	0	0	6	0
分散众储点 46	0	0	0	0	8

众储点	汽车	无人机	直升机	冲锋舟	橡皮艇
分散众储点 51	0	0	0	0	2
分散众储点 52	0	0	0	4	0
分散众储点 53	0	0	0	0	1
分散众储点 54	0	0	0	2	0
分散众储点 55	0	0	0	3	1
分散众储点 56	0	0	0	0	3
分散众储点 61	4	0	1	0	0
分散众储点 62	3	2	2	2	1
分散众储点 63	9	2	0	0	0
分散众储点 64	3	0	1	2	1

附录 A-8   集中众储点应急物资的储备情况   单位：件

出救点	食品	药品	水	帐篷
出救点 1	360	20	280	450
出救点 2	440	40	480	480
出救点 3	260	30	360	300

附录 A-9   集中众储点运力储备情况   单位：辆

出救点	汽车	无人机	直升机
出救点 1	16	2	1
出救点 2	25	0	2
出救点 3	15	5	0

附录 A - 10   不同运输工具的运输距离   单位：公里

运输工具	出救点	受灾点 1	受灾点 2	受灾点 3	受灾点 4	受灾点 5
无人机	出救点 1	18	16	76	48	68
	出救点 2	86	28	35	43	46
	出救点 3	47	83	59	48	38
汽车	出救点 1	30	25	90	60	80
	出救点 2	100	40	50	55	60
	出救点 3	60	95	70	60	50
直升机	出救点 1	20	15	80	50	70
	出救点 2	90	30	40	45	50
	出救点 3	50	85	60	50	40

附录 A - 11   灾后流量限制   单位：辆

运输工具	出救点	受灾点 1	受灾点 2	受灾点 3	受灾点 4	受灾点 5
无人机	出救点 1	2	3	0	2	1
	出救点 2	0	2	1	0	3
	出救点 3	5	6	4	4	0
汽车	出救点 1	10	11	8	9	10
	出救点 2	11	14	15	16	15
	出救点 3	10	8	9	8	9
直升机	出救点 1	2	2	1	1	0
	出救点 2	2	3	1	2	3
	出救点 3	2	0	1	0	3

附录 A - 12   分散众储点应急物资的存储情况   单位：件

众储点	食品	药品	水	帐篷
分散众储点 11	280	0	0	0
分散众储点 12	300	0	0	0

众储点	食品	药品	水	帐篷
分散众储点 14	0	60	500	0
分散众储点 15	0	0	0	220
分散众储点 21	320	0	0	0
分散众储点 23	0	50	0	0
分散众储点 24	0	0	500	0
分散众储点 25	0	0	0	40
分散众储点 26	0	0	0	80
分散众储点 31	600	0	0	0
分散众储点 32	0	50	0	0
分散众储点 33	0	0	650	0
分散众储点 34	0	0	0	200

附录 A – 13　　　　分散众储点的运力众储情况　　　　单位：辆

众储点	汽车	无人机	直升机	冲锋舟	橡皮艇
分散众储点 11	7	0	0	0	1
分散众储点 12	8	3	0	1	0
分散众储点 14	9	0	0	0	0
分散众储点 21	7	0	0	0	1
分散众储点 23	8	3	1	0	0
分散众储点 24	9	0	0	0	0
分散众储点 25	6	0	0	0	8
分散众储点 26	10	0	0	2	0
分散众储点 31	9	0	0	8	0
分散众储点 32	6	2	1	0	0
分散众储点 33	6	3	1	3	4
分散众储点 34	7	2	0	0	0

附录 A – 14　　　　　　不同运输工具的运输距离　　　　　　单位：公里

运输工具	出救点	受灾点 1	受灾点 2	受灾点 3	受灾点 4	受灾点 5
无人机	出救点 1	18	16	76	48	68
	出救点 2	48	28	35	43	46
	出救点 3	47	83	59	48	38
汽车	出救点 1	30	25	90	60	80
	出救点 2	100	40	50	55	60
	出救点 3	60	95	70	60	50
直升机	出救点 1	20	15	80	50	70
	出救点 2	90	30	40	45	50
	出救点 3	50	85	60	50	40

附录 A – 15　　　　　　灾后流量限制　　　　　　单位：辆

运输工具	出救点	受灾点 1	受灾点 2	受灾点 3	受灾点 4	受灾点 5
无人机	出救点 1	3	4	0	3	2
	出救点 2	1	2	1	2	3
	出救点 3	5	6	4	4	3
汽车	出救点 1	12	13	10	13	14
	出救点 2	12	12	14	18	16
	出救点 3	13	12	16	8	9
直升机	出救点 1	2	2	1	1	2
	出救点 2	2	2	1	2	3
	出救点 3	2	0	1	3	3

参 考 文 献

［1］董曼，杨天青，陈通，魏文薪. 地震报道中死亡人数估计方法的适用性分析［J］. 地震，2014，34（3）：140 - 148.

［2］周阿颖，张朝，史培军，刘晓菲. 影响地震救灾效率的因素分析——以汶川 8.0 级地震和玉树 7.1 级地震为例［J］. 灾害学，2011，26（04）：134 - 138.

［3］俞武扬. 不确定网络结构下的应急物资鲁棒配置模型［J］. 控制与决策，2013，28（12）：1898 - 1902.

［4］美国国家事故管理系统［EB/OL］.（2015 - 11 - 01）［2018 - 10 - 21］. http：//www. docin. com/p - 1340398406. html.

［5］筱雪，吴雅琼，吕志坚，蔚晓川，孙艳艳. 日本应急管理的最新进展研究［J］. 中国软科学，2009（S2）：198 - 202.

［6］Sheu J B. Post-disaster relief-service centralized logistics distribution with survivor resilience maximization［J］. Transportation Research Part B Methodological，2014，68（68）：288 - 314.

［7］民政部，关于加强自然灾害救助物资储备体系建设的指导意见［R/OL］.（2015 - 9 - 10）［2018 - 10 - 21］. http：//www. gov. cn/2015 - 09/10/content - 2928409. htm.

［8］Ruan J，Shi P，Lim C C，et al. Relief supplies allocation and optimization by interval and fuzzy number approaches［J］. Information Sciences An International Journal，2015，303（C）：15 - 32.

［9］Kovács G，Spens K M. Humanitarian logistics in disaster relief operations［J］. Internation Journal of Physical Distribution & Logistics Management, 2007, 37 (2): 99 – 114.

［10］ Liao, H. K. (2005), A Study on Network Reconstruction and Relief Logistics ［D］. Master Thesis at National Central University, Jungli, Taiwan. 2005.

［11］ Kemball – Cook D, Stephenson R. Lessons in logistics from Somalia ［J］. Disasters, 1984, 8 (1): 57.

［12］ Carter W N. Disaster Management: A Disaster Manager's Handbook ［M］. Philippines: Asian Development Bank, 1992: 5 – 25.

［13］ Tufekci S, Wallace W A. The Emerging Area Of Emergency Management And Engineering ［J］. IEEE Transactions on Engineering Management, 2002, 45 (2): 103 – 105.

［14］ 高东娜, 刘新华. 浅论应急物流 ［J］. 中国物流与采购, 2003 (23): 22 – 23.

［15］ 欧忠文. 应急物流 ［J］. 重庆大学学报 (自然科学版), 2004 (3): 164 – 167.

［16］ 李滢棠. 汶川地震引发的构建应急物流系统的思考 ［J］. 物流技术, 2008 (8): 8 – 10.

［17］ 白雪岷, 赵晗萍. 应对突发事件的应急供应链结构与风险探析 ［C］. 中国灾害防御协会风险分析专业委员会年会, 2012.

［18］ Ilhan A. The Humanitarian Relief Chain ［J］. South East European Journal of Economic and Business, 2011, 6 (2): 45 – 54.

［19］ BROWN G, VASSILIOU A. Optimizing disaster relief: real-time operational and tactica decision support ［J］. Naval Research Logistics, 1993, 40 (1): 1 – 23.

［20］ YI W, KUMAR A. Ant colony optimization for disaster relief operations ［J］. Transportation Research Part E, 2007, 43 (6): 660 – 672.

［21］ 乔莉. 少数民族地区应急物资储备体系刍议 ［J］. 云南民族

大学学报（哲学社会科学版），2014，31（4）：67－71.

　　[22] 张文峰. 应急物资储备模式及储备量研究 [D]. 北京交通大学，2010.

　　[23] Federal Emergency Management Agency. Typed resource definition [EB/OL]. [2010－03－21]. shttp：//www. fema. gov/nims/mutual_ aid. shtm

　　[24] 夏萍，刘凯. 基于概率神经网络的应急物资分类研究 [J]. 物流技术，2010（3）：93－95.

　　[25] 葛洪磊，刘南，张国川，俞海宏. 基于受灾人员损失的多受灾点、多商品应急物资分配模型 [J]. 系统管理学报，2010，19（5）：541－545.

　　[26] Wang H，Du L，Ma S. Multi-objective open location-routing model with split delivery for optimized relief distribution in post-earthquake [J]. Transportation Research Part E Logistics & Transportation Review，2014，69（3）：160－179.

　　[27] Chang M S，Tseng Y L，Chen J W. A scenario planning approach for the flood emergency logistics preparation problem under uncertainty [J]. Transportation Research Part E Logistics & Transportation Review，2007，43（6）：737－754.

　　[28] 王宗喜，阳波. 论应急物流的地位与作用 [J]. 物流技术与应用，2008（7）：104－106.

　　[29] Khayal D，Pradhananga R，Pokharel S，et al. A model for planning locations of temporary distribution facilities for emergency response [J]. Socio－Economic Planning Sciences，2015，52：22－30.

　　[30] 张旭凤. 应急物资分类体系及采购战略分析 [J]. 中国市场，2007（32）：110－111.

　　[31] Potvin J Y，Xu Y，Benyahia I. Vehicle routing and scheduling with dynamic travel times [M]. Elsevier Science Ltd. 2006.

［32］Yi W, Ozdamar L. A dynamic logistics coordination model for evacuation and support in disaster response activities ［J］. European Journal of Operational Research, 2007, 179 (3): 1177 – 1193.

［33］Özdamar L, Ekinci E, Küçükyazici B. Emergency Logistics Planning in Natural Disasters ［J］. Annals of Operations Research, 2004, 129 (1 – 4): 217 – 245.

［34］Afshar A, Haghani A. Modeling integrated supply chain logistics in real-time large-scale disaster relief operations ［J］. Socio – Economic Planning Sciences, 2012, 46 (4): 327 – 338.

［35］陈刚, 付江月. 兼顾公平与效率的多目标应急物资分配问题研究 ［J］. 管理学报, 2018, 15 (3): 459 – 466.

［36］Ransikarbum K, Mason S J. Goal programming-based post-disaster decision making for integrated relief distribution and early-stage network restoration ［J］. International Journal of Production Economics, 2016, 182: 324 – 341.

［37］Camacho – Vallejo J F, González – Rodríguez E, Almaguer F J, et al. A bi-level optimization model for aid distribution after the occurrence of a disaster ［J］. Journal of Cleaner Production, 2015 (105): 134 – 145.

［38］陈达强, 刘南, 缪亚萍. 基于成本修正的应急物流物资响应决策模型 ［J］. 东南大学学报 (哲学社会科学版), 2009, 11 (1): 67 – 71.

［39］Murali P, Ordóñez F, Dessouky M M. Facility location under demand uncertainty: Response to a large-scale bio-terror attack ［J］. Socio – Economic Planning Sciences, 2012, 46 (1): 78 – 87.

［40］陆相林, 侯云先. 基于设施选址理论的中国国家级应急物资储备库配置 ［J］. 经济地理, 2010, 30 (7): 1091 – 1095.

［41］张红. 我国应急物资储备制度的完善 ［J］. 中国行政管理, 2009 (3): 44 – 47.

［42］Liu J, Guo L, Jiang J, et al. A two-stage optimization model for emergency material reserve layout planning under uncertainty in response to environmental accidents [J]. Journal of Hazardous Materials, 2016 (310): 30.

[43] 陆相林, 侯云先, 林文, 申强. 基于选址理论的小城镇应急物资储备库优化配置——以北京房山区为例 [J]. 地理研究, 2011, 30 (6): 1000 – 1008.

[44] Zhang Y L, Chen L. Emergency materials reserve of government for natural disasters [J]. Natural Hazards, 2016, 81 (1): 1 – 14.

[45] 刘宗熹, 章竟. 由汶川地震看应急物资的储备与管理 [J]. 物流工程与管理, 2008, 30 (11).

[46] Duque P A M, Dolinskaya I S, Sörensen K. Network repair crew scheduling and routing for emergency relief distribution problem [J]. European Journal of Operational Research, 2015, 248 (1).

[47] Al Theeb N, Murray C. Vehicle routing and resource distribution in postdisaster humanitarian relief operations [J]. International Transactions in Operational Research, 2017, 24.

[48] Lodree Jr E J, Taskin S. An insurance risk management system for disaster relief and supply chain disruption inventory planning [J]. Journal of the Operational Research Society. 2008, 59 (3): 674 – 684.

[49] Cattani, K., Dahan, E., Schmidt, G., 2008. Tailored capacity: speculative and reactive fabrication of fashion goods [J]. International Journal of Production Economics. 2008, 114 (2): 416 – 420.

[50] 王晓燕. 应急物流园与城市综合防灾减灾体系相互功用的初步研究 [J]. 灾害学, 2010, 25 (3): 135 – 138.

[51] 卢少平, 袁春满, 朱斌等. 应急物资储备的社会化研究 [J]. 物流技术, 2009, 28 (8): 15 – 17.

[52] Whybark D C. Issues in managing disaster relief inventories [J]. International Journal of Production Economics, 2007, 108 (1 – 2): 228 – 235.

[53] 郑宏凯, 杨子健, 李威. 加快构建我国应急物资储备体系建设 [J]. 中国应急救援, 2008 (5): 28 – 31.

[54] Robert K, Kanter, John R. Hospital emergency surge capacity: An empiric New York statewide study [J]. Annals of Emergency Medicine, 2007, 5 (9): 314 –319.

[55] 张永领. 基于层次分析法的应急物资储备方式研究 [J]. 灾害学, 2011, 26 (3): 120 –125.

[56] Phillips B D, Metz W C, Nieves L A. Disaster threat: Preparedness and potential response of the lowest income quartile [J]. Global Environmental Change Part B Environmental Hazards, 2005, 6 (3): 123 –133.

[57] Debi D, Chris D. Development of a Healthcare Coalition for Emergency Preparedness [J]. Prehospital & Disaster Medicine, 2006, 20 (S3): s160 –s160.

[58] Blachere F M, Lindsley W G, Pearce T A, et al. Measurement of Airborne Influenza Virus in a Hospital Emergency Department [J]. Clinical Infectious Diseases, 2009, 48 (4): 438 –440.

[59] Chen T, Huang J. Exploratory Research on the System of China Relief Reserve [J]. Systems Engineering Procedia, 2012, 5: 99 –106.

[60] 陈涛, 黄钧, 张玲. 协议企业实物储备、生产能力储备模式的协调性研究 [J]. 中国管理科学, 2013, 21 (5): 149 –156.

[61] Erkoc M, Wu S D. Managing High - Tech Capacity Expansion via Reservation Contracts [J]. Production & Operations Management, 2010, 14 (2): 232 –251.

[62] 陈业华, 史开菊. 突发事件灾前应急物资政企联合储备模式 [J]. 系统工程, 2014, 32 (2): 84 –90.

[63] 沈星辰, 樊博. 信息共享、应急协同与多源物资储备的关系研究 [J]. 科技管理研究, 2015, 35 (15): 216 –221 +239.

[64] 陈涛, 黄钧, 朱建明. 基于信息更新的两阶段鲁棒——随机优化调配模型研究 [J]. 中国管理科学, 2015, 23 (10): 67 –77.

[65] 卢冰原, 何力, 彭扬. 城市应急虚拟物流联盟智能化信息平

台模型研究 [J]. 情报杂志, 2011, 30 (10): 184 – 188.

[66] Zhou Y, Liu J, Zhang Y, et al. A multi-objective evolutionary algorithm for multi-period dynamic emergency resource scheduling problems [J]. Transportation Research Part E, 2017 (99): 77 – 95.

[67] 刘浪, 黄有方, 逢金辉. 加权网络应急物资储备点选址方法 [J]. 北京理工大学学报, 2011, 31 (2): 244 – 248 + 252.

[68] 夏萍. 灾害应急物流中基于需求分析的应急物资分配问题研究 [D]. 北京交通大学, 2010.

[69] 庞海云, 刘南, 吴桥. 应急物资运输与分配决策模型及其改进粒子群优化算法 [J]. 控制与决策, 2012, 27 (06): 871 – 874 + 880.

[70] Xu X, Qi Y, Hua Z. Forecasting demand of commodities after natural disasters [J]. Expert Systems with Applications, 2010, 37 (6): 4313 – 4317.

[71] Mohammadi R, Ghomi S M T F, Zeinali F. A new hybrid evolutionary based RBF networks method for forecasting time series: A case study of forecasting emergency supply demand time series [J]. Engineering Applications of Artificial Intelligence, 2014, 36 (36): 204 – 214.

[72] 安李璐. 灾后首批应急物资优化分配策略研究 [D]. 华南理工大学, 2010.

[73] 刘德元, 朱昌锋. 基于案例模糊推理的应急物资需求预测研究 [J]. 兰州交通大学学报, 2013, 32 (1): 138 – 141.

[74] 王兰英, 郭子雪, 张玉芬, 尚永胜, 张露. 基于直觉模糊案例推理的应急物资需求预测模型 [J]. 中国矿业大学学报, 2015, 44 (4): 775 – 780.

[75] Wang Z X. A genetic algorithm-based grey method for forecasting food demand after snow disasters: an empirical study [J]. Natural Hazards, 2013, 68 (2): 675 – 686.

[76] 赵小柠, 马昌喜. 基于范例推理的灾害性地震应急物资需求

预测研究 [J]. 中国安全科学学报，2012，22（08）：3 - 9.

[77] 曾波，孟伟，刘思峰，李川，崔杰. 面向灾害应急物资需求的灰色异构数据预测建模方法 [J]. 中国管理科学，2015，23（8）：84 - 91.

[78] 李丽丽，张军，曾波. 基于新陈代谢 GM（1，1）的大规模地震应急救援物资需求预测研究 [J]. 世界科技研究与发展，2013，35（3）：430 - 433 + 442.

[79] Pradhananga R，Mutlu F，Pokharel S，et al. An integrated resource allocation and distribution model for pre-disaster planning [J]. Computers & Industrial Engineering，2016（91）：229 - 238.

[80] Zhou L. Prediction of a service demand using combined forecasting approach [C]. Journal of Physics Conference Series. Journal of Physics Conference Series，2017：012 - 075.

[81] 王桐远，张军，张琳. 基于连续区间灰数 Verhulst 模型的地震救援药品需求预测研究 [J]. 数学的实践与认识，2015，45（07）：169 - 175.

[82] 王正新，刘思峰. 基于 Fourier - GM（1，1）模型的灾害应急物资需求量预测 [J]. 系统工程，2013，31（08）：60 - 64.

[83] 杨帆，郑宝柱，剡亮亮. 基于 BP 神经网络的地震伤亡人数评估体系研究 [J]. 震灾防御技术，2009，4（04）：428 - 435.

[84] Sun B，Ma W，Zhao H. A fuzzy rough set approach to emergency material demand prediction over two universes [J]. Applied Mathematical Modelling，2013，37（10 - 11）：7062 - 7070.

[85] 钱枫林，崔健. BP 神经网络模型在应急需求预测中的应用——以地震伤亡人数预测为例 [J]. 中国安全科学学报，2013，23（4）：20 - 25.

[86] 张文芬，杨家其. 基于小波神经网络的海上突发事件应急资源动态需求预测 [J]. 运筹与管理，2015，24（4）：198 - 205.

[87] 黄星，孙明. 基于 RBF 神经网络的震伤人员快速评估模型 [J]. 系统工程，2016，34（8）：129 - 135.

[88] Najafi M，Eshghi K，Dullaert W. A multi-objective robust optimi-

zation model for logistics planning in the earthquake response phase [J]. Transportation Research Part E Logistics & Transportation Review, 2013, 49 (1): 217 – 249.

[89] Chen A, Blue J. Performance analysis of demand planning approaches for aggregating, forecasting and disaggregating interrelated demands [J]. International Journal of Production Economics, 2010, 128 (2): 586 – 602.

[90] 张洁, 高惠瑛, 刘琦. 基于汶川地震的地震人员伤亡预测模型研究 [J]. 中国安全科学学报, 2011, 21 (3): 59 – 64.

[91] 刘金龙, 林均岐. 基于震中烈度的地震人员伤亡评估方法研究 [J]. 自然灾害学报, 2012, 21 (5): 113 – 119.

[92] 郭子雪, 韩瑞, 齐美然. 基于多元模糊回归的应急物资需求预测模型 [J]. 河北大学学报 (自然科学版), 2017, 37 (4): 337 – 342.

[93] Gwo – Hshiung Tzeng, Hsin – Jung Cheng, Tsung Dow Huang. Multi-objective optimal planning for designing relief delivery systems [J]. Transportation Research Part E, 2007, 43 (6): 673 – 686.

[94] 王海军, 王婧, 郑鼎, 马士华. 运力约束下多应急物资供应点选择模型研究 [J]. 管理工程学报, 2013, 27 (4): 156 – 160.

[95] Hu Z H, Sheng Z H. Disaster spread simulation and rescue time optimization in a resource network [M]. Elsevier Science Inc, 2015.

[96] Zahiri B, Torabi S A, Tavakkoli – Moghaddam R. A novel multi-stage possibilistic stochastic programming approach (with an application in relief distribution planning) [J]. Information Sciences, 2017, 385 – 386: 225 – 249.

[97] Cheng, Zhang J, Peng Y T. Agile security model and algorithm for post-earthquake urgent relief provisons [J]. Journal of Natural Disasters, 2013, 22 (3): 47 – 53.

[98] 张毅, 郭晓汾, 王笑风. 应急救援物资车辆运输线路的选择 [J]. 安全与环境学报, 2006, 6 (3): 51 – 53.

［99］李悦，翁迅. 基于震后可用路网的应急救援物资配送路径方案研究［J］. 物流技术，2011，30（8）：92～93.

［100］Sheu J B. An Emergency Logistics Distribution Approach for Quick response to Urgent Relief Demand in Disasters［J］. Transportation Research PartE，2007（43）：687～709.

［101］Hwang H S. A food distribution model for famine relief［M］. Pergamon Press，Inc，1999.

［102］葛洪磊，刘南. 复杂灾害情景下应急资源配置的随机规划模型［J］. 系统工程理论与实践，2014，34（12）：3034－3042.

［103］Brown G G，Vassiliou A L. Optimizing disaster relief：Real-time operational and tactical decision support［J］. Naval Research Logistics（NRL）1993，40（1）.

［104］Rawls C，Turnquist M. Pre-positioning and dynamic delivery planning for short-term response following a natural disaster［J］. Socio－Economic Planning Sciences，2012，46（1）：46－54.

［105］王绍仁，马祖军. 震害紧急响应阶段应急物流系统中的LRP［J］. 系统工程理论与实践，2011，31（8）：1497－1507.

［106］Yi W，Kumar A. Ant colony optimization for disaster relief operations［J］. Transportation Research Part E Logistics & Transportation Review，2007，43（6）：660－672.

［107］王旭坪，马超，阮俊虎. 运力受限的应急物资动态调度模型及算法［J］. 系统工程理论与实践，2013，33（6）：1492－1500.

［108］Fiedrich F，Gehbauer F，Rickers U. Optimized resource allocation for emergency response after earthquake disasters［J］. Safety Science，2000，35（1）：41－57.

［109］宋明安. 紧急救灾物流配送系统模式构建.［D］. 台湾交通大学交通运输研究所，2005.

［110］Holguín－Veras J，Pérez N，Jaller M，et al. On the appropriate objective function for post-disaster humanitarian logistics models [J]. Journal of Operations Management, 2013, 31 (5): 262 - 280.

[111] 郑斌, 马祖军, 周愉峰. 震后应急物流动态选址——联运问题的双层规划模型 [J]. 系统管理学报, 2017, 26 (2): 326 - 337.

[112] Mete H O, Zabinsky Z B. Stochastic optimization of medical supply location and distribution in disaster management [J]. International Journal of Production Economics, 2010, 126 (1): 76 - 84.

[113] Barbarosoǧlu G, Arda Y. A two-stage stochastic programming framework for transportation planning in disaster response [J]. Journal of the Operational Research Society, 2004, 55 (1): 43 - 53.

[114] 王海军, 杜丽敬, 胡蝶, 王婧. 不确定条件下的应急物资配送选址——路径问题 [J]. 系统管理学报, 2015, 24 (6): 828 - 834.

[115] 郑斌, 马祖军, 方涛. 应急物流系统中的模糊多目标定位——路径问题 [J]. 系统工程, 2009, 27 (8): 21 - 25.

[116] 杨继君, 吴启迪, 程艳等. 面向非常规突发事件的应对方案序贯决策 [J]. 同济大学学报 (自然科学版), 2010, 38 (4): 619 - 624.

[117] 周愉峰, 马祖军, 王恪铭. 应急物资储备库的可靠性 P——中位选址模型 [J]. 管理评论, 2015, 27 (5): 198 - 208.

[118] Hu Z H. A container multimodal transportation scheduling approach based on immune affinity model for emergency relief [J]. Expert Systems with Applications, 2011, 38 (3): 2632 - 2639.

[119] 李少愉, 许娜飞, 裘凤英, 陈达强. 多出救点、单需求点应急物资车辆路径——分配优化决策模型 [J]. 物流技术, 2010 (4): 82 - 128.

[120] 刘春林, 何建敏, 盛昭瀚. 应急系统调度问题的模糊规划方法 [J]. 系统工程学报, 1999 (4): 351 - 355 + 365.

[121] 刘春林, 何建敏, 施建军. 一类应急物资调度的优化模型研究 [J]. 中国管理科学, 2001 (3): 30 - 37.

[122] 戴更新, 达庆利. 多资源组合应急调度问题的研究 [J]. 系

统工程理论与实践，2000（9）：53－55.

[123] 王旭坪，董莉，陈明天. 考虑感知满意度的多受灾点应急资源分配模型［J］. 系统管理学报，2013，22（2）：251－256.

[124] Knott R. The logistics of bulk relief supplies［J］. Disasters，2010，11（2）：113－115.

[125] 汪欲，何建敏. 应急系统中多资源出救方案的研究［J］. 东南大学学报：自然科学版，2002，32（3）：510－513.

[126] 李双琳，马祖军，郑斌，代颖. 震后初期应急物资配送的模糊多目标选址——多式联运问题［J］. 中国管理科学，2013，21（2）：144－151.

[127] Haghani A，Oh S C. Formulation and solution of a multicommodity multi-modal network flow model for disaster relief operations［J］. Transportation Research Part A：Policy and Practice，1996，30（3）：231－250.

[128] 缪成，许维胜，吴启迪. 大规模应急救援物资运输模型的构建与求解［J］. 系统工程，2006（11）：6－12.

[129] 朱建明，黄钧，刘德刚，韩继业. 突发事件应急医疗物资调度的随机算法［J］. 运筹与管理，2010，19（1）：9－14.

[130] Liu C L，Jian－Min H E，Shi J J. The Study on Optimal Model for a Kind of Emergency Material Dispatch Problem［J］. Chinese Journal of Management Science，2001.

[131] Yi Z，Guo X F，Li J H. Combinatorial optimization algorithm of rapid road repair and material distribution after disaster［J］. Journal of Traffic & Transportation Engineering，2007.

[132] 陈森，姜江，陈英武，沈永平. 未定路网结构情况下应急物资车辆配送问题模型与应用［J］. 系统工程理论与实践，2011，31（5）：907－913.

[133] Liberatore F，Tirado G，Vitoriano B，et al. A hierarchical compromise model for the joint optimization of recovery operations and distribution

of emergency goods in Humanitarian Logistics [J]. Computers & Operations Research，2014，42（3）：3 – 13.

[134] 李双琳，马祖军. 震后交通管制下多出救点应急物资调运问题 [J]. 管理科学学报，2014，17（5）：1 – 13.

[135] Salman F S，Yücel E. Emergency facility location under random network damage：Insights from the Istanbul case [J]. Computers & Operations Research，2015，62（C）：266 – 281.

[136] Huang K，Jiang Y，Yuan Y，et al. Modeling multiple humanitarian objectives in emergency response to large-scale disasters [J]. Transportation Research Part E Logistics & Transportation Review，2015，75：1 – 17.

[137] Ahmadi M，Seifi A，Tootooni B. A humanitarian logistics model for disaster relief operation considering network failure and standard relief time：A case study on San Francisco district [J]. Transportation Research Part E，2015，75（1）：145 – 163.

[138] Rathi A K，Solanki R S，Church R L. Allocating resources to support a multicommodity flow with timewindows [J]. Logistics & Transportation Review 1992，28（2）：167 – 188.

[139] 刘春林，何建敏，盛昭瀚等. 多出救点应急系统最优方案的选取 [J]. 管理工程学报，2000，14（1）：13 – 15.

[140] 张美. 多资源组合下多出救点优化决策模型研究 [D]. 重庆大学，2012.

[141] Rottkemper B，Fischer K，Blecken A. A transshipment model for distribution and inventory relocation under uncertainty in humanitarian operations [J]. Socio – Economic Planning Sciences，2012，46（1）：98 – 109.

[142] Anderson A，Compton D，Mason T. Managing in a Dangerous World：The National Incident Management System [J]. Engineering Management Journal，2004，16（4）：3 – 9.

[143] 陆相林，宋万杰，赵丽琴. 市域应急物资储备库选址模型与

实证——以石家庄市为例 [J]. 经济地理, 2014, 34 (4): 40 - 45.

[144] 杨建亮, 侯汉平. 基于自然灾害的大众应急物资快速投送问题研究 [J]. 北京交通大学学报 (社会科学版), 2017, 16 (4): 72 - 79.

[145] 刘舒悦, 朱建明, 黄钧, 孙军红. 地震救援中基于信息实时更新的两阶段应急物资调配模型 [J]. 中国管理科学, 2016, 24 (9): 124 - 132.

[146] 马奔, 毛庆铎. 大数据在应急管理中的应用 [J]. 中国行政管理, 2015 (3): 136 - 141 + 151.

[147] 陈莹珍. 基于属地原则的应急物资分配问题 [A]. 中国系统工程学会. 中国系统工程学会第十八届学术年会论文集——A11 系统工程方法在公共卫生、突发事件应急管理方面的研究 [C]. 中国系统工程学会, 2014 (2).

[148] Lu C C, Ying K C, Chen H J. Real-time relief distribution in the aftermath of disasters – A rolling horizon approach [J]. Transportation Research Part E Logistics & Transportation Review, 2016 (93): 1 - 20.

[149] 韩传峰, 赵苏爽, 刘兴华. 政府主导社会参与培育应急文化 [J]. 中国应急管理, 2014 (6): 11 - 15.

[150] Sheu J B. Dynamic relief-demand management for emergency logistics operations under large-scale disasters [J]. Transportation Research Part E Logistics & Transportation Review, 2010, 46 (1): 1 - 17.

[151] 张斌, 陈建国, 吴金生, 文仁强. 台风灾害应急物资需求预测模型 [J]. 清华大学学报 (自然科学版), 2012, 52 (7): 891 - 895. [2017 - 10 - 13]. DOI: 10.16511/j. cnki. qhdxxb. 2012. 07. 008.

[152] 刘亚娜, 罗希. 日本应急管理机制及对中国的启示——以 "3.11 地震" 为例 [J]. 北京航空航天大学学报 (社会科学版), 2011, 24 (5): 16 - 20.

[153] 马玉宏, 谢礼立. 地震人员伤亡估算方法研究 [J]. 地震工程与工程振动, 2000 (4): 140 - 147.

［154］黄良奇．"虚拟储备"在后勤战备物资储备中的军事经济意义［J］.军事经济研究，2015（12）：69－72.

［155］Liu Y，Lei H，Zhang D，et al. Robust optimization for relief logistics planning under uncertainties in demand and transportation time［J］. Applied Mathematical Modelling，2017.

［156］胡会琴，侯云先．成品粮应急代储系统运作机理与管理机制研究［J］.商业经济与管理，2014，271（5）：5－11.

［157］艾云飞，吕靖，王军，张丽丽．应急物资政企联合储备合作机理研究［J］.运筹与管理，2015（5）：126－131.

［158］陈杨，姜大立，黄英祥，李蹊．军事虚拟仓库组织结构的博弈分析［J］.后勤工程学院学报，2006（3）：96－101.

［159］FEMA. FEMA Enterprise IT Architecture V2.0［EB/OL］.［2016－01－26］. http：//www. fema. gov/pdf/library/it_vol1. pdf.

［160］宋英华，李旭彦，王喆，王黎．结合专业考评和参与满意度的地震应急综合演练评价方法［J］.科研管理，2015（11）：170－175.

［161］Yan S，Shih Y L. Optimal scheduling of emergency roadway repair and subsequent relief distribution［J］. Computers & Operations Research，2009，36（6）：2049－2065.

［162］Wang S X，Zhou Y，Wei C J，Shao Y and Yan F L. Risk evaluation on the secondary disasters of dammed lakes using remote sensing datasets，in the 'Wenchuan Earthquake'，Journal of Remote Sensing［J］. 2008，12（6）：900－907.

后　记

虽然"5·12汶川地震"已经过去十年，但在每个人心中都留下了深刻的印象，使所有人难以忘怀。地震造成严重破坏地区超过10万平方千米，重灾区多达50个县（市），69227人死亡，374643人受伤，17923人失踪，这是中华人民共和国成立以来破坏力最大的地震，也是唐山大地震后伤亡最严重的一次地震。为整合优化应急力量和资源，推动形成统一指挥、分级负责、属地为主、专常兼备、反应灵敏、上下联动、社会参与、平战结合的中国特色应急管理体制，提高防灾减灾救灾能力，确保人民群众生命财产安全和社会稳定，2018年成立了中华人民共和国应急管理部。因此本专著探讨属地应急物流管理，解决救灾"最后一公里"快速精准救援问题，具有一定的理论价值和现实意义。

本书是作者参与国家首批重点研发计划课题"末端快速精准投送调度系统及关键技术研究"（课题编号：2016YFC0803207）的研究成果，感谢国家重点研发计划课题对作者研究的帮助和专著出版的大力支持。

在写作过程中，得到所有同门兄弟姐妹的帮助；得到北京交通大学、中国航天五院503所、中国科学院光电研究院、沈阳大学、沈阳工业大学等国家重点研发计划课题研究合作团队的支持；得到中国工程院徐寿波院士和夫人周爱珍，德高望重的物流专家张文杰教授，北京交通大学经济管理学院赵启兰教授、卞文良教授、王耀球教授、穆东教授、黄芳研究员，首都经济贸易大学工商管理学院赵艳教授，北京邮电大学自动化学院雷全胜教授的指导；得到父母、妻子、妹妹和儿子的鼓励、包容和安慰。本书的最终出版，离不开导师、课题组、专家、同门、同事以及亲人朋友的指导、支持和鼓励。

　　写作过程中，作者参考借鉴了国内外大量有关属地应急物流管理的相关研究成果，并在专著中以参考文献的格式进行了标注，在此对这些研究者表示诚挚的谢意。

　　感谢经济科学出版社的工作人员，为著作封面做的精美设计和辛苦的印制，尤其要感谢编辑，在本书整个出版过程中，编辑对书稿一遍一遍认真地校对，付出了大量的心血，这种认真负责的态度深深地感染了我，在此我再一次表示深深的感谢！

　　最后感谢每一位读到这本书的朋友，同时请求你们能原谅我文笔的有限以及部分有失偏颇的见解。谢谢！

杨建亮

2019 年 1 月